U0797279

为 人 生 提 供 领 跑 世 界 的 力 量

BLACK SWAN

如何高效写作

誰も教えてくれない
書くスキル

[日] 芝本秀德 Hidenori Shibamoto ——著
陈镠霏 ——译

文化发展出版社
Cultural Development Press

图书在版编目（CIP）数据

如何高效写作 / (日) 芝本秀德著 ; 陈镠霏译. —
北京 : 文化发展出版社有限公司, 2018.5
ISBN 978-7-5142-2190-9

Ⅰ. ①如… Ⅱ. ①芝… ②陈… Ⅲ. ①写作—方法
Ⅳ. ①H052

中国版本图书馆CIP数据核字（2018）第055483号

版权登记号 图字：01-2018-2970

如何高效写作
著　　者：[日] 芝本秀德
译　　者：陈镠霏

责任编辑：肖润征
出版发行：文化发展出版社（北京市翠微路2号　邮编：100036）
网　　址：www.wenhuafazhan.com
经　　销：各地新华书店
印　　刷：三河市冀华印务有限公司

开　　本：880mm × 1230mm　1/32
字　　数：100千字
印　　张：6.75
印　　次：2018年6月第1版　2018年6月第1次印刷
I S B N：978-7-5142-2190-9
定　　价：42.00元

前言

在工作中，“写文章”是一件不可避免的事情，但是，不善于写文章，或者苦于写不好文章的却大有人在。此外，还有很多人明知下属写不好文章就无法顺利地开展工作，却总也没办法很好地进行指导，或者虽然自己会写，但却不懂得如何教下属。希望有以上困扰的朋友，能够看看这本书。

2016年4月，日经BP出版社主办了题为《清爽！充满自信！克服不会写障碍的“写作技巧”讲座》的研讨会。本书就是以该研讨会的内容为基础，编辑而成的。在本书中，笔者采用了第一人称和口语化的表达方式进行写作，就如和读者朋友面对面谈话一样。

首先进行一下自我介绍。我的名字叫芝本秀德。原本是一名程序员、软件工程师。作为软件供应商，为汽车厂商开发汽车导航系统。之后，担任了软件包的项目领导，负责商品从企划、设计、开发到销售支持、营销支持等一条龙服务。再后来，作为一名咨询师独立了出来，创办了名为“Process Design Agent”的公司。

说是咨询师，但我的工作内容和大家所想象的有很大区别。我为自己设定的理念是“提高人员及组织的执行质量”。这是什么意思呢？就是说，我不会对经营战略、中期经营计划、信息战略等进行思考并提出方案，也不会写报告。那么，我到底在做什么呢？我做的是和大家一起思考、一起执行。制定战略的话就和管理层一起集训、讨论，再将讨论的内容付诸实践。当然，我也会提出我自己的意见，但仅供参考。我的任务就是站在第三者的角度为管理层提供参考意见，深化、促进问题的讨论。

由于我提出的理念是提高执行质量，因此，在企业将思考后的战略项目化并制订出计划，再将计划付诸实践的整个过程中，我会提供相应的协助。我也会对实践中一些必需的技巧进行培训，例如项目管理技巧、解决问题的技巧等。同时，在项目启动后，我也和员工一起，通过职场培训（On Job Training）的方式，协助员工将技巧运用到实际工作中。

提高执行力，纸上谈兵是没有用的。当然，不可否认的是，掌握知识是必要的，没有知识任何事情都无从谈起。但是，要真正懂得如何使用知识，就必须在执行过程中不断实践，并及时地得到反馈。在培训中，不管做多少案例研究，都不是真实的，因为自己并没有真正地参与其中。因此，这只能在实际运行的项目中、实际解决问题的过程中进行学习。我做的就是这样的一种工作。

除此之外，虽然最近事情太多，有点忙不过来，但我仍坚持将“价值工程”作为毕生事业在进行研究。“价值工程”在日语中被翻译成“价值工学”。这是在制造业中为人所熟知的一种方法论。例如汽车制造及建筑领域。它发源于美国 GE 公司，已经有 50 年以上的历史了。简单来说，就是研究如何控制成本、提高效能以求获取更大的价值。最近，服务业也开始了这方面的实践。

由于它发源于 GE，因此，美国是价值工程的主场。我在美国价值工程协会（SAVE）以及日本都有发表过相关论文。说起论文，很多朋友会觉得这是件很难的事情。我只要说在写论文，就会被说："哇，好厉害！"意思就是，能写这么难的文章，真是太厉害了。但其实不然，文章并不难写。难的是思考前所未有的理论体系及点子，文章只是将这些传递出去的工具而已。对于写作这件事，我感觉越来越不是那么困难了，但我也并不是一开始就能这样的。能达到今天这样的状态，也是经过了一次又一次试验，并在试验中改正错误得来的。在这本书中我将以自己在实践中摸索出来的"写作程序（运用能力）"为中心，进行说明。

我有资格写关于写作技能的书吗？

关于写作，我已经写了 10 本书了。这是第 11 本（最开始的 3 本用的不是"芝本秀德"这个名字，而是用的"上村敏彦"这个笔名），都是属于商务图书的范畴。10 本绝对不是一个大数字，也有人每个月都能出版一本商务图书。也许大家会觉得能写这么多书，真是太厉害了，但实际上不一定所有的书都是作者本人主笔的。有很多书其实是由有别于作者的其他“写手”来完成的，当然了，也不全都是这样。把作者本人说的话归纳整理成文章，这就是写手的责任。

翻到书的最后面就能看到，在页面的角落里会有“编辑支持”“执笔支持”等字样，这样的书，基本上就是由写手来完成的。其实这也不是什么不好的事情。有好的经验、技能与将其写成文章表达出来是完全不同的两件事。公务繁忙的经营者，也没有时间写书。但是，只有一个人掌握了这些难得的好经验和技能那就太可惜了。听取这些经验、技能，将其进行归纳、整理，并将其以大家看得懂的形式表现出来，这就是写手的职责所在。

对于我，至今出版的所有书都是自己主笔的，也有在杂志、网站上发表过连载，在IT信息的门户网站“IT Pro”上也发表过几次连载。这些书和报道都是自己亲手操刀的文章。我曾经也苦恼于写不好文章，但是回过头来，却发现自己居然能写出这么多的文章。这不是自满，我只是想说，写作技能，是谁都可以掌握的。希望大家一定抱着期望来看这本书。

本系列丛书的概念

我在这本书之前出版的另一本书，书名叫作《谁也没有教过我的思考技能》(日经 BP 出版社)。和本书一样，也是基于研讨会整理、编辑而成的。本书和《思考技能》是同一个系列的书籍。本系列丛书的概念是：掌握那些不经意间错过的、迄今为止都没有学到过的技能。没有这些技能，很难顺利地完成工作，但是我们却很少能够得到关于这些技能的系统化培训。我们在摸索中找到自己的方式方法，也算能勉强应付得了工作，但总是觉得没有足够的自信。这个系列的书籍就将重点放在了这些必备的技能上，无论是《思考技能》，还是《写作技能》，都是如此。

找到自己的方法并在实践中不断地试验、改进，其实是非常低效的。日本的学校中，并没有对“写作技能”进行系统化教学。虽然也让学生写一些读后感或毕业论文，但基本上没有训练过学生如何来论证自己的主张，并通过证据来进行说明。

虽然有人会认为“因为没有经过训练，所以写不好文章，这也是没有办法的”，但是，在写作这件事情上却不允许你找这样的借口。不管你有没有受过训练，在工作中写不好文章就是会被指责“怎么就不会写呢”。我曾经也是这样的。觉得没有受过这方面的训练不会写也是理所当然的，但这是工作中必须要做的，因此，也只有硬着头皮上。

我在做软件工程师的时候，经常给后辈或下属说：“要代替客户去学习。”软件工程师这个职业是一个专业工种。客户是不了解系统、软件、硬件、编程等方面的知识的，客户有自己的工作，即使想学也没有那么多闲暇。因此，“我们自己要经常去学习，不是为了自己，而是为了客户”。代替客户去学习指的就是这个意思。而这本书，在一定意义上，也是我为了各位读者朋友，对之前学习到的，并在实践中不断试验、改进后得来的东西的总结。

可以被安装的程序

本书中，采用了任何人都能掌握的形式，像在脑子里或身体里安装程序一样，简单易懂地对写作技能进行了教学。安装程序，换言之，就是可以使其重现。人们可以重做一些自己做过的，或者有做过一次的事情。而要使这种“重现性”得以实现，“程序”是非常重要的。

程序指的是如何将输入（信息、资源）变换为输出（成果）的过程。不管你有多好的素材，如果无法很好地将其进行转换的话，也不会得到好的成果（输出）。将这个程序展现出来、使其可视化，就是程序设计。本书中，将在“写作技能”这个领域中，把实用的程序传授给大家。

我推行的理念，之前也有提到过，就是“提高人员及组织的执行质量”。相信在各位读者朋友的公司里，都会有事业发展战略，但是，却有很多公司没有办法“很好地将其付诸实践”。尽管经营管理层根据战略提出了各种方针、策略，要求大家这样来做、那样来做，但实际上，基层却在做着完全不同的事情。这样的情况也是屡见不鲜。改变这样的现状，使各项工作的开展都能够按照战略来执行，这就是我的使命。

在提高人员及组织的执行力上，本书的研究主题——写作技能，经常是一个“瓶颈”。例如，项目的相关文件资料就是这样的。这个项目是为何存在的，要把什么通过什么样的方式改变成什么样的状态，如果没有办法很好地将这些表达出来，项目领导、成员就没有办法建立共识，顺利地投入项目的各项工作中。再往细了说，用邮件进行沟通的时候，能够“调动对方预期反应”的员工，和做不到这个的员工，两者在工作的效率上是相去甚远的。也就是说，没有掌握写作技能，是无法顺利开展工作的。

但是，只要掌握了程序（也可以说是“模型”），是一定可以把文章写好的。

本书梗概

本书讲解的内容如下（图表 1）。

图表1 本书的内容

- 写作技能的整体概要
- 整理思绪
- 构建故事框架
- 写草稿
- 精练文章

写作技能的整体概要

首先，写作技能指的是什么呢？它是由哪些要素构成的？先来看它的整体概要。因为在学东西的时候，先在脑子里对新事物的整体结构形成一个印象，这样学起来会容易得多。请大家在学习时，要经常提醒自己现在处于整体的哪个部分。

◉ 整理思绪

写作前，首先必须清楚地知道“我想写什么”，想向谁传递些什么信息。这就是动笔写文章前的“设计”阶段。就像没有设计图就没有办法盖房子一样，没有设计，也就写不出能很好地向读者传递信息的文章。

◉ 构建故事框架

整理好了想写的东西后，接下来，就要思考以什么样的故事结构（顺序）来表达了。应该以什么样的顺序向对方传达信息，有几种代表性的模型，可以作为工作中写文章的框架来使用。我会告诉大家，在什么情况下，选用哪种模型，根据模型，如何展开来写。

◉ **写草稿**

写文章的诀窍之一就是，不要一上来就想写得很漂亮。先根据故事框架，大致地写下来看看。对于第一遍的稿子，要做好扔掉的准备。我会对这时候的心理准备进行说明。

◉ **精练文章**

写好一遍后，剩下的就是精练了。那么，应该从何处着眼，怎样来进行精练、提升呢？我会对写文章的相关技巧进行说明。

本书的目标是让读者朋友们“掌握写作程序（运用能力）”。通过本书，读者可以模拟、体验写作的整个程序。而本书的最终目的就是能让读者朋友们将这个程序应用到日常的工作中。

掌握这个程序，非常重要的一点就是自己动手，从头到尾尝试着做一次看看。光靠看看书，就想马上能非常流畅地进行写作是不可能的。说到底训练是必需的。但是，闷头闷脑地进行训练也得不到好的效果。因此，请边看本书，或者一边重复阅读，一边进行训练，这是提高练习效果的最好方法。

克服写作初始阶段各种障碍的素材，我都会在这本书中进行解说。只要看了这本书，并在工作中进行实践，是一定能写出好文章、达到能够充分应对日常工作所需水平的。

希望大家能够带着“好像看完这本书后就会写文章了”这样的期望，阅读本书。（图表 2）

图表 2 本书的目标
❶ 掌握写作“程序”，并能运用到实践中 ❷ 掌握写作基本技巧 ❸ 切身感受到“好像会写了！”“应该会写了！”

目录

誰も教えてくれない
書くスキル

第一章

写作及写作技能

第一节
不会写作的坏处，会写作的好处

写文章的场合增加了很多。邮件、会议记录、设计书、报告书、企划书、方案、发布会的 PPT 等。近年来，有大量的人在 LINE、Facebook、Twitter 等社交网络（SNS）上写文章（图表 3）。比起 10 年前，或者 15 年前，写文章、用文字来表达的场合呈现出飞跃性的增长。

图表 3　写作场合

写作场合每天都在不断地增加……

- 邮件
- 会议记录、设计书、报告书
- 企划书、方案
- 发布资料
- 社交网络（LINE、Facebook、Twitter……）

写作场合的不断增加，按理来说，对于写作的抗拒应该也会随之减少。但是，对于工作中的写作场合，例如，写方案、写设计书，或者是写企划书、报告书的时候，好像还是有很多人苦恼于“写不好”。

写不好，也就是说如果没有办法运用文章很好地进行沟通会怎样呢？首先，会造成误解。就像是“这个邮件根本不是这个意思的，但却给对方带来了非常消极的影响”或者是“用邮件向项目成员发出指示，但对方却做出了与本意完全相反的理解”等情况。甚至还会出现这样的情况：给客户做的方案，客户却看不懂、理解不了；提交给领导的企划书通不过、得不到领导的认可；等等（图表 4）。

图表 4　写作技能的必要性

没有掌握写作技能的话……

- 招致误解
  “这不是我的本意啊……”
- 导致返工
  “我并不是希望你这样做啊……”
- 方案无法通过
  “重点如果能再突出一点的话……”
- 无法得到认可
  “如果能更好地推介的话……”

所有这些都是由于没有掌握“写作技能”而产生的。当然，写作以外也有各种各样的技能需要掌握。但由于写作，也可以说是一种“思考”，因此，可以说写作起到了很大的作用。

掌握写作技能的好处

掌握了写作技能，有什么可喜之处呢？首先，可以提高工作效率。这既可以得到他人的协助，又节省了沟通时间，还可以避免由于误解而造成的返工，从而大幅缩短了总时间。在提高写作技能的同时，说话技能也会得到提升。能像写作那样说话，就能更容易地向他人传递信息。

我可能要对“像写作一样说话”进行一下说明。大家在学校的时候，也许被教过要“像说话一样写作”。但是，“像说话一样写作”是非常困难的，因为这是无法向对方传递信息的。没有经过训练的人，像说话一样写作的话，就会拖泥带水地写不清楚，更没有办法将想要表达的意思传达给读者。就算是口语化的文章，也很难将信息传递给对方。

提升了写作技能，就能在头脑中勾画出一个整体（故事），边思考现在所讲的是哪一部分的内容，边进行讲述了。表达方式也更加丰富，这样就能简洁地将意思传达出去。本书是以研讨会为基础的，也就是说，以口语化的语言为基础来整理文稿的。只要能写，就能说，即使是以口语化的语言来整理文稿，就算多少有些冗长，但文章也是可以理解的。

掌握了写作技能，还可以提高管理能力。也许有人会认为，我是工程师、我没有下属……因此，我与管理并没有关系。可实际上，对于现代的商务人士来说，基本上，没有人可以完全与管理撇清关系。

管理能力并不只是针对下属或者项目成员，与公司以外的人，这些近来被称为商业合作伙伴的人进行协作时，也需要管理能力。另外，把工作委托给我们的客户，也是被管理的对象。

前不久，非常流行“自由地点办公”这个词。“自由地点办公”指的是什么？“自由地点办公”，有人会在脸书上写“在星巴克自由地点办公中”。但是，在星巴克办公、在咖啡馆办公并不是“自由地点办公”哦。“自由地点办公”指的是一群拥有不同背景的人，超越公司的组织架构，充分发挥各自的优势，为实现某个成果而共同工作的一种方式。这种工作方式才叫作“自由地点办公”。

不同背景中培育或者说成长起来的公司组织是不尽相同的，其“文脉”也各不相同。也就是说，即使使用同样的语言，也有可能得到不同的解释。在同一个组织里，“把这个做了”“把那个做了”就能解决问题的语言，放到其他组织、其他文脉或者拥有其他背景的人们身上时，就行不通了。这个时候，就需要考虑如何正确地传达思想，也就是如何确立共识。

会写就能增加机会

在企业中，像自由地点办公那样的“项目型”工作正在不断地增加。项目指的就是临时的组织。有开始，也有结束。为了完成某一目标，一群拥有各种能力的人集合到一起，目标完成后项目结束、解散。

然后，再开始下一个项目。每个项目，成员不同，思考方式、工作方式也会随之改变。因此，每开始一个项目时，就必须先确立共识。此时，只靠口头沟通是很困难的，“写作技能”变得不可或缺。

在保持共识的情况下推进项目，就必须以文字（证据）为基础开展各项工作，这是非常重要的。项目管理是我的专业，在项目管理中，写作的职责就是，确立并维持共识。

但是，如果项目成员不能很好地理解刚才所说的内容，就会得到相反的效果。大家会困惑，从而无法顺利开展工作。因此，掌握了写作技能，让所有相关人员对文章能够有相同的理解，管理就会变得非常容易。

这些掌握了写作技能而带来的好处，用一句话来说就是能“增加机会”（图表5）。会写方案、企划书，也能做管理，这样一来，“下次的项目就交给他（她）吧”，就不是什么不可思议的事情了。就我自身而言，掌握了写作技能，才能像现在这样写书、写报道、从事咨询工作了。

图表5　写作技能的必要性

掌握写作技能的话……

- 提高工作效率
- 能够正确地传递想法
- 提高表达能力
- 提高管理能力

↓

增加机会

第二节
我曾经也不会写

别看我现在写着讲“写作技能”的书，其实我也不是一开始就能行云流水般地写作。我刚进入社会，在软件供应公司工作时，写好材料交给前辈后，曾反复地被退回来过。这样的情况持续了大概一周。那是位会挑细节的前辈，鸡蛋里挑骨头似的指出细微的地方并让我改正。那个时候，我的想法就是：“哎……你给我差不多就行了啊！”

例如，用Excel做资料的时候，每个小格的格式是否统一都一一检查。这里的字号大小好像和其他的差了一号——就是像这样的检查，材料被一遍遍地退回来。此外，还有像什么“文章的意思不明确”“逻辑不通”等。我记得好像也就是两三页的材料吧，却反反复复折腾了一周的时间。虽然当时觉得非常烦躁，但是现在想来，当时的那段经历也不失为一个好的经验。

此外，开发软件时的一件事也让我记忆深刻。当时我打算发邮件给客户，询问“这里要怎么做合适呢？”“这个时候要让它做什么动作？”等，但是这封邮件却怎么也写不好。“这样写是不是很失礼？”“这样写意思通顺吗？”就这样反反复复地思考，虽然一直在写却总也完成不了。一封邮件花了大约2个小时。

被批评得体无完肤

有件事成了我在写作上的转机。那是我还在软件供应公司时，从事为汽车零部件制造商开发软件的部门工作的事情。当时我所做的是软件设计。

有一次，我把写好的设计书给客户过目。那位客户是一位工程师，他非常严格，甚至我现在回想起他来都还有点发怵。他看了四到五页的设计书后，指出了大约三十个不足之处。我惭愧得满脸通红，当时我就想：“既然说得那么厉害那你自己写一个来看看啊！”我当时还只是二十五六岁的年纪。

又与设计书做了一番斗争后，那位客户居然说："这样吧，我周末写一个范本给你，你参考范本来写。"当时我想："要真能写就写一个来看看！""我一定要给你找出些错漏来！"那位客户周五说的，周一就把设计书给了我。结果我完全惊呆了，因为我竟然没有办法找出一处纰漏。我感叹于居然有人能写出这样的文章。当时，我第一次深切地感受到"原来这就是专家啊！再不认真地学习写作，就没有办法在社会上立足了吧"。

那之前，我对自己的语文能力还是很有自信的。我喜欢看书，也认为自己能较好地理解文章的意思。高中时，语文是我的拿手科目。但我发现，一旦让我向外输出、自己来写时，我完全不能胜任作为商务人士、工程师的工作。

也就是从那个时候开始，我开始学习写作，摸着石头过河地进行研究。一些写文章技巧、作文技巧的书基本上都会写"句子要尽量简短"。因此，有段时间，我总是下意识地尽量用简短的语句来写邮件。现在回想起来，当时做得过了头，写出的邮件完全感受不到情感，索然无味。

那个时候，给客户写的邮件还惹怒了领导。客户给我发邮件写道："程序有异样。"我记得内容大概是："（系统）出现了这样的动作，是怎么一回事呢？”在这样的情况下，通常应该回复：“情况了解了。我们会进行确认后再与您联系。”可是当时，我一味地认为邮件越简洁越好，于是，在确认了异常没有再发生后，给客户做了如下回复：“我这边没有出现异常。请在最新环境下重新确认一次。”领导震怒，说我是“傻瓜”。我就是这样在重复和试验中改正错误，并不断地学习、成长起来的。

我读过的书

掌握写作技能之前，我都做了些什么呢？首先，阅读了一部分所谓的必看书籍。常被称为必看书籍的有：《理科的作文技巧》（中央公论新社）、《日语作文技巧》（朝日新闻社）、《思考技巧、写作技巧》（钻石社），等等。还有些比较不为人所熟知的，例如《沟通技巧》（中央公论新社），这是一本非常棒的书，入选了中公新书，作者为倏田义明，这位作者的书非常容易理解，在我心中他也是排在第一位的。在关于写作的书籍中，这是一本非常突出并具有实用价值的作品。

《思考技巧、写作技巧》为麦肯锡的咨询师所著，是本老书，但似乎依然会在每年 4 月热卖。话虽如此，这本书读起来却总有些不好理解。由于它本身就是面向即将成为咨询师的人，因此，对于多数人来说，一开始就读这本书的话，门槛较高，难免会有“要看懂这本书还是挺费时间的”感觉。很多人将其作为必看书籍购买了，但想必其中大多数人都只读到了一半吧。一开始读的话，我还是推荐《沟通技巧》。

写博客的收获

除了阅读必看书籍以外，我还把每天遇到的事、从中获得的经验教训写成博客。三年来写了三百多篇，最初的一年中，基本上是每两天写一次。那个时候，工作很忙，每天都是搭末班车回家，但一到家就会把当天工作中得到的经验教训写下来。比如说，把“设计程序是怎么一回事”“软件测试又是怎么一回事”“如何管理人的情绪”等内容写成文稿，再上传到博客里。就这样一直做着这件事。正是通过这件事，练习了把所学化为文章、把自己心中所想进行输出。博客的读者虽然不多，但持续了两年后，出版社向我发出了将其整理成书的邀请，并顺利推向了市场。

写博客实际上就是“输出”的过程。通过这件事，持续地将“自我所得的感受和经验化为法则”、将“抽象化的原理化为条理清晰的原则进而内化于心”，并将其“传递给他人”“以文章的形式留下痕迹”。在这样重复的实践中，逐渐形成了自己的写作方式。

具体的流程如下：

（1）用一句话把想说的写下来；

（2）把想法分点写下来；

（3）构建故事框架；

（4）加入血肉；

（5）重读一次进行精练。

帖子公开后，读过的人就会给出评价。这些就是反馈，根据反馈再进行修改。后来我才知道，这种做法是广泛适用的。因为我在和会写文章的人谈话中了解到，大家都有过同样的经验。本书把这种做法再精练，将之总结为“写作程序（运用能力）”。

谁都能学会写文章，不需要才能。虽然也有“没有文采”的人，但除了要成为小说家的另当别论外，写好工作中使用的文章是不需要文采的。才能、品位都不需要。因为工作中使用的文章，只要能传达意思就可以了。没有让人评价为名作的必要。但是，知识和练习是必需的。在本书中，就是教给大家知识和练习的方法。

第三节
写作技能的三要素

“写作技能”到底指的是什么呢？我认为写作技能有三个构成要素（图表 6）。

图表 6　写作技能的构成要素

三要素齐备，才能写出好文章

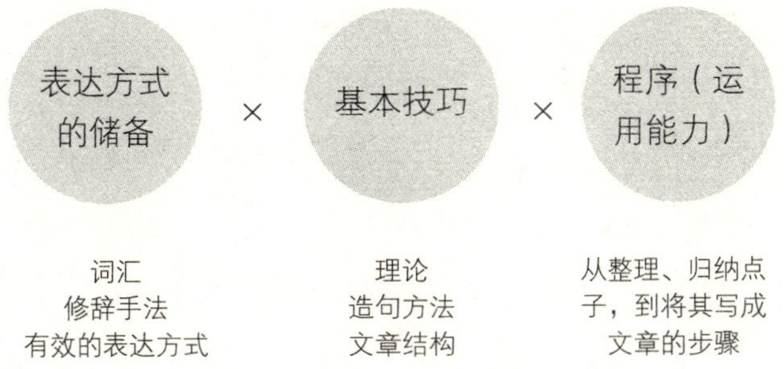

储备表达方式

第一个是“表达方式的储备”。也就是说如何把所想表达出来。例如词汇、修辞手法、有效的表达方式，等等。这些只能靠储备。

我的做法是，看书的时候，把觉得“写得真好”的句子摘抄在小本子上，走到哪儿带到哪儿，一遍遍地反复看。这样一来，这个表达方式就变成自己的东西、内化于心了。

还有，灵活运用同义词词典。估计很少人会有同义词词典，但这却是一个非常便利的工具。也有同义词词典的 APP。在这类 APP 中，输入自己要使用的词进行检索后，与其意思相近的词就会全部跳出来。我用的就是“角川同义词词典”的 APP。

例如，输入“管理”进行检索，就会跳出以下同义词：支配、左右、统率、统帅、统治、控制、制约、统括、约束、把握、掌管、司令、主持、主宰、差遣、掌握、管辖、所辖、直辖、主管、总括、总揽、总理等。光是知道还有这些词语就是个开心的事，同时，还可以选择最贴切的词语来表达所想并使其成为习惯，这对于写作来说是非常重要的。

没有程序（运用能力）就写不好文章

写作技能的第二个要素就是“造句方法”，也就是“基本技巧”。大家也许有读到过，句子尽量简短、归纳法、演绎法等说法。基本技巧是必要的。例如，长的修饰语尽量相隔远一点，主语和谓语尽量靠得近一些，等等。没有这些基本技巧，就写不出易懂的文章。

但是，这些基本技巧也只不过是零件。零件固然重要，但如果不知道如何使用这些零件，也就写不出完整的文章。在这里，就需要掌握第三个要素，也就是“程序（运用能力）”，即归纳想法并将之精练成文章的过程。本书中，将对这个“程序（运用能力）”进行详细说明。

只有掌握了这三个要素，才能真正拥有“能写”的自信。书店里摆着的关于“写作技能”的书中，大多数讲的都是第一个要素——表达方式的储备以及第二个要素——基本技巧（图表7）。例如，有很多类似《成年人的文章礼仪讲座》的书中会这样总结：在这样的情况下应该这样写。经常出现的有：“知道了”和“我明白了”（此处原文使用的是日语中“知道”的敬语——译者注）。这时应该使用哪一个？“知道了”较为失礼请不要使用，而应该使用“我明白了”等。也许并没有很多人注意到，这类书中讲的就是这些细微的技巧。

图表 7 写作技能的构成要素

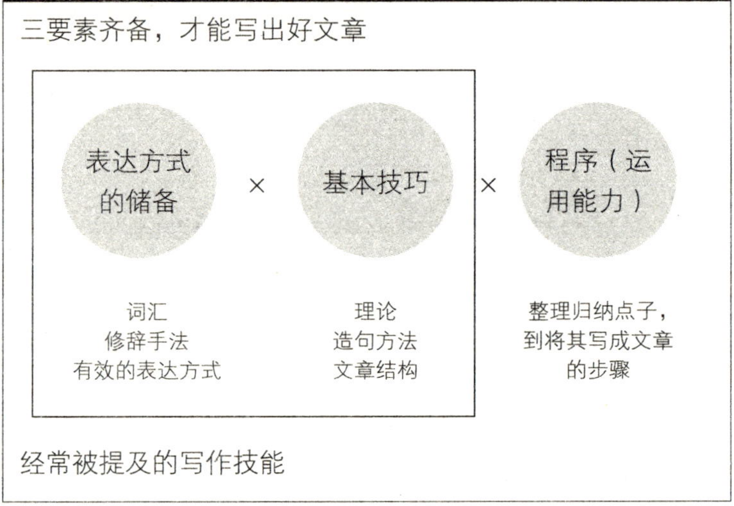

本书的主要内容就是第三个要素——程序（运用能力）。在这个程序（运用能力）中，虽然也涉及了基本技巧，但我还是希望大家首先注意到“程序（运用能力）”（图表 8）。因为不管表现方式的多少、基本技巧的优劣，程序（运用能力）是相同的。只要掌握了程序（运用能力），其余的要素通过每日的练习来提高就可以了。但是，如果没有掌握程序（运用能力），那就永远也学不会写作。

图表 8 写作技能的构成要素

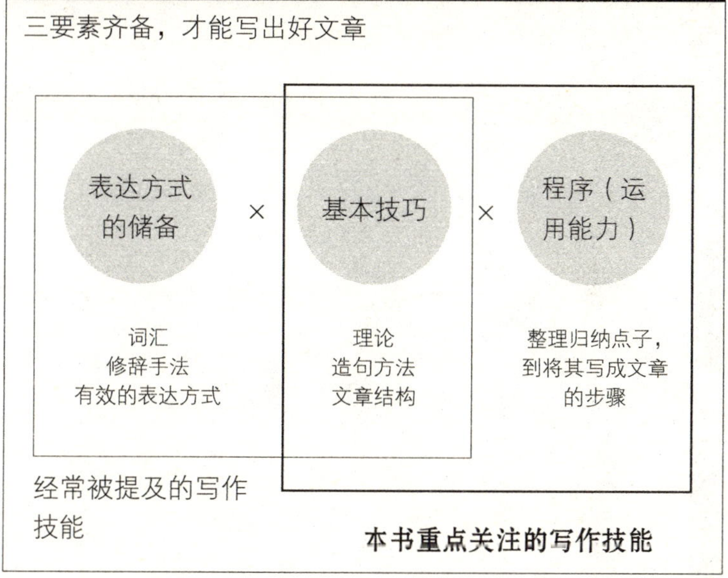

前面也说过很多次了，最重要的就是“程序（运用能力）”。这不仅仅局限于“写作”。了解会写的人的写作程序（运用能力），并进行模仿，在不断的练习中磨炼技能，这才是进步的捷径。

书是怎样写成的

接下来，以写书的程序作为一个例子，对写作的程序（运用能力）进行说明。请看下一页的图表 9 。这里运用了“工

图表 9

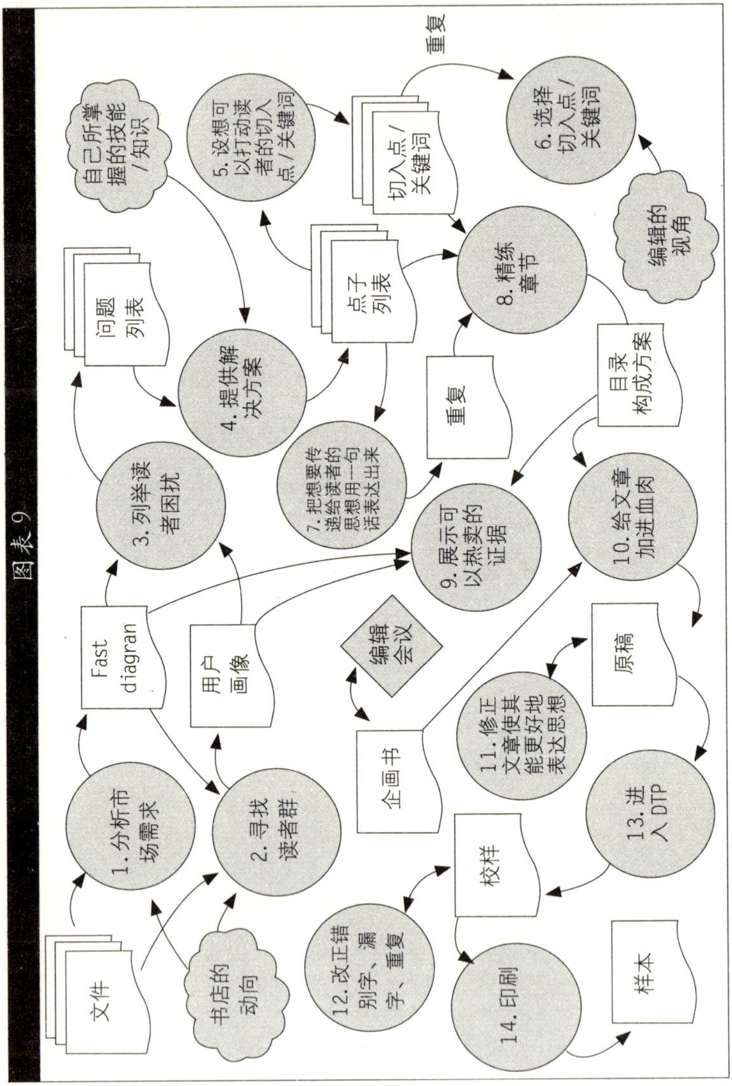
文件
书店的动向
1. 分析市场需求
2. 寻找读者群
Fast diagran
用户画像
3. 列举读者困扰
问题列表
自己所掌握的技能/知识
4. 提供解决方案
点子列表
5. 设想可以打动读者的切入点/关键词
切入点/关键词
重复
6. 选择切入点/关键词
编辑的视角
7. 把想要传递给读者的思想用一句话表达出来
重复
8. 精练章节
目录构成方案
9. 展示可以热卖的证据
编辑会议
企画书
10. 给文章加进血肉
原稿
11. 修正文章使其能更好地表达思想
12. 改正错别字、漏字、重复
13. 进入DTP
校样
14. 印刷
样本

艺物料平衡图（Process Flow Diagram）”的方式进行说明。这张图再现了输入通过程序的转换，产生输出，再经过连锁动作完成最终输出，形成最终成果的整个过程。“工艺物料平衡图（Process Flow Diagram）”也被简称为“PFD”。

这张图说明了书的作者是怎样来完成一本书的写作的。在书店里我们可以看到摆放着很多书本。但是，每家店中，竖着插进书架里的书和平放在书架上的书是不一样的。这是因为，店员会将热卖、好卖、想卖的书平放在醒目的位置上。

写书的时候，第一件要做的事就是到书店去，观察书的摆放方式，看各种排行榜，进而了解目前热卖的是什么书，分析图书市场需求。这就是图表 9 中的第一步——分析市场需求。它的功能和刚才说到的价值工程的功能是一样的。功能，换言之就是目的。运用被称为“FAST diagram”的树形分析法画出目的和手段的树形图，并找出目的。

接下来是第二个程序——寻找读者群（图表 9 的 2）。制作用户画像作为一种输出。例如，将读者群体定位为 3 岁到 40 岁的中坚管理阶层，下属 10 人左右，已成家，有 2 个孩子，周末没有闲暇，找不到时间充实自我，即便这样也仍然希望能不断提高自身技能。用户画像是营销学的方法之一，通过将用户的形象具体化，明确用户有哪些需求、有什么困难。有时也可以参照自己认识的某一位具体人物。

之前已经说明过，本书是以研讨会为基础写成的。这个研讨会的公告中就有“写邮件要花很多时间”“没有办法充满自信地写方案”等，这就是通过设定用户画像，“3. 列举读者困扰”（图表 9 的 3）的过程了。

文章质量以“设计”决定

针对前面所讲的用户困扰，以我们掌握的知识、技能为基础，提供解决方案（图表 9 的 4）。同时，思考该方案以什么样的切入点进行表述（图表 9 的 5、6）。例如在这本书中，就是以“程序（运用能力）”作为切入点的。也就是说，像前面说过的，写作技能多种多样，但本书主要关注了“程序（运用能力）”。

思考切入点的同时，还要考虑如何把想要传递给读者的思想用一句话表现出来（图表 9 的 7）。没有办法用一句话、一句信息来表达所思所想，写成文章也同样传递不了想法。也就是说，用一句话来表达“到底是什么”。这个一句话信息的写法我会在后面进行详细说明。

把切入点及一句话信息作为输出，精练章节（图表9的8）。章节也就是目录。告诉读者以怎样的顺序传递什么样的内容。我在本书中将其称为“故事”。精练故事，构建框架。

框架构建好后，就可以制作企划书了，内容应展示出图书得以热卖的证据，包括：以这样的读者为目标、按这样的故事脉络、这样的内容、这样的框架来完成书稿。以这个企划书为基础，在出版社内召开编辑会议。在这个会议上才第一次决定是否出版该书。也就是说，在编辑会上评判“可以继续进行”，或者“该企划无效”。这可是相当紧张的瞬间呢。即使编辑说OK了，但在公司层面上被驳回的情况也会偶尔出现。非常幸运的是，迄今为止，我的企划还没有在编辑会议上被驳回过，当然，也不是说所有的企划案都能很顺利地通过。将书印出来再放到书店里是需要投资的，出版社也是商家，特别是书越来越不好卖的当今社会，更要慎重考虑。

到此为止的步骤占到了整个过程的一半以上，但是文章仍然一行都还没有开始写。可以看出，企划案通不通得过不是以文章来判断的。也就是说，出版图书的过程中，重要的是写文章之前的阶段。可以说，这在企划书、方案、报告书等商务文章的写作中是一致的。

写作只是出版过程中的一部分而已

文章的质量一半以上在“设计”的阶段就已经决定了。因此，要在这个阶段花时间、下功夫。例如，写一本书要花一年时间的话，其中有大约 9 个月的时间是用来分析和企划的。实际进行文稿的写作也就大约是最后的三个月。也就是说，在写书（文章）的项目中，文稿的写作只是整个过程的一部分而已。

各位读者是怎么想的呢？不擅长写作的人有很多会在拿到题目后马上动笔，然后说着“不会写、不会写”，全然不理会动笔写只是写作的一部分而急于动笔。这是因为没有在头脑中描绘出“写作程序”而造成的。胸中全然没有这样的概念，而只是抽取了“动笔写”这个部分，然后抱怨“不擅长写作”。这就是实情。

写作是包括了思考在内，依照写作程序（运用能力）来进行的一项工作。希望大家能够先在头脑中形成这样的概念。“那个人写作很在行”“他方案写得很好”“那个人的企划书通过了”，这样的人他们在写作前肯定都经历了思考的过程。

誰も教えてくれない
書くスキル

第二章

写作的程序

第一节
提升写作能力的七个步骤

技能 = 技巧 + 程序（运用能力）

在前面的章节中，我已经说明过，写作技能是由三个要素构成的。“不会写”在很多情况下是由于没有掌握其中的一个要素，即“程序（运用能力）”。常用的字大家都看得懂，我想应该没有人看了却不知所云。昔日大文豪的文章，比如小林秀雄的书非常不好理解，读起来确实有些困难，但日常工作中的文件材料，应该没有人会看不懂吧？也不是说完全不会写。其实大家还是拥有基本的写作技巧的。

只有技巧写不出好文章

技能指的是“技巧＋程序（运用能力）”（图表10）。我写过一本书，名为《提高大脑运转速度的45种方法》（与Discover21社久保优希也氏共同编著）。该书出版的时候，腰封上为我写的宣传语为“别再看提升技能的书了”。针对这句宣传语，有人也提出了质疑——这本书不正是教人如何提升技能的吗？但这句宣传语真正的意思是：希望提升技能，但仅集合了技巧是行不通的。实际上，这本书没有写技巧，而是写了如何运用技巧的思考方法。

图表10　写作是一种技能

技能＝技巧＋程序

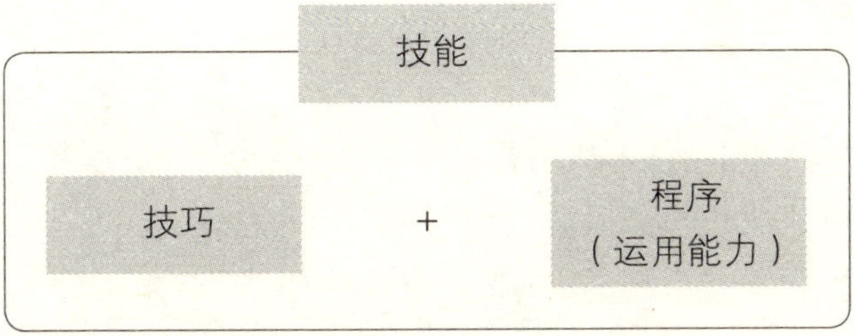

不会写是因为没有掌握写作的程序

很多技能提升的书中会有“请这样做”等关于技巧的描

写，但却很少会写“如何使用它”“在什么样的文脉中可以使用它”，因此并不怎么派得上用场。其实，这就是误认为“技能＝技巧”的结果。光是收集了大量的技巧并不能起到多大作用，技巧和程序（运用能力）两者缺一不可。

例如，学习做菜的时候，把“切菜方法”“鱼的清理方法”“腌肉方法”“提味汤汁的提取方法”等都分别记住了，但是，如果没有菜谱仍然做不出好菜。要学会做菜，就要先知道“土豆炖牛肉”“汉堡包”等菜谱，然后根据菜谱，在实际的操作中练习基本的技巧。否则，是学不会的。

写作技能也是一样的。首先，必须先知道都有些什么样的基本技巧。但是，并不只是停留在了解基本技巧，还要根据菜谱，也就是程序（运用能力），在实际的练习中使用基本技巧，而后学会写作。大家既看得懂日语，也会写短文，是拥有基本技巧的。不足的是菜谱，也就是程序（运用能力）。只要掌握了程序（运用能力），大家就都能写出好文章了。

以共识防止偏差

对写作的程序（运用能力）进行说明之前，我们先来思考一下文章是“为何而写”的。

写作的目标究竟是什么？大家平时写的一些文章，企划书也好，报告书也好，都是有目的的。工作中的所有文章都是有目标的。写文章的目标大致可以分为三个（图表 11）。

图表 11　写作的目标

（所有文章都是有目标的）

❶ 获取共识

提供信息，确立读者和作者之间关于主题的共识。
要确立共识，理解读者是很重要的。

❷ 调动预期反应

所有文章都是为了调动读者的反应而存在的。
对提问的回答、获取支援、批准计划等。

❸ 留下预期印象

即使调动了预期反应，但如果破坏了印象则会给商务活动带来恶劣影响。
必须站在读者的角度思考，读者会有怎样的印象。

第一个目标就是获取共识。共识指的是对某样事物取得相同的理解。例如，对下属做出“现在请到大阪去”的指示时，这个“到大阪去”到底是什么意思？在没有确立共识的情况下，很有可能会出现与实际意图相违背的结果。我实际上是想让下属坐新干线过去的，但他却坐了飞机过去。这样一来，迎接他的人以为他会在新大阪下车而到新大阪去接他，可实际上他却在伊丹机场着陆了。也就是说，没有确立共识就会造成偏差，行动上的偏差、结果上的偏差。因此，获取共识是必需的。

各位读者也许有很多是从事项目型工作的，而缺乏共识就是项目型工作推进中的障碍。“我是这样认为的”“不对，我是这样认为的”，之后才明白过来已为时过晚。因此，就需要通过文章来确立读者和作者之间的共识，这是写作的一个重要目标。

促使对方采取行动

第二个目标是调动预期反应。做出了“请到大阪去”的指示后，就必须让对方实际地做出这样的行动，感受到对方有去的意愿。向客户发出咨询邮件，没有得到客户的回复也是不行的。就是给上司发邮件，也是为了获得批准或反馈等某种形式的反应的。因此，调动预期反应也是文章的重要目标。

留下预期印象

只要让对方行动起来就可以了吗？事实并非如此。给客户发邮件，对方虽然采取了行动，但却在心里想："怎么回事，这家伙真让人讨厌。"这就不好了。前面我也给大家讲过了我的失败案例，一味地认为文章越简洁越好，而把邮件写得冷淡无味，毫不客气。虽然这样也许也可以把想法传递给对方，但事实上，我们必须得考虑对方是怎样想的。如果不这样的话，就会给对方留下"这家伙真是没有礼貌"的印象。在写文章这件事上，读者是必定存在的，因此，我们必须考虑读者的感受。我们要考虑到想给读者留下怎样的印象，甚至是引导读者产生期望的想法。这就是写作的第三个目标：给读者留下预期的印象。

"获取共识""调动预期反应""留下预期印象"，这三个就是写作的目标。今后大家在写文章的时候，请经常自问是否达到了这三个目标。"现在写的这篇文章能够获取共识吗？""这篇文章能使对方采取预期的行动吗？""这篇文章能否给对方留下自己预期的印象呢？”就是要经常像这样自问自答。

只有经过设计，才能顺利进行

在这里，我希望大家思考一下这句话：“没有超越了设计的质量。”这里说的质量，例如文章的质量、项目执行的质量、商品的质量等，没有超越了设计的输出（成果）。例如，盖房子的时候，如果设计书马马虎虎，那能建造出完美的房子吗？不可能的对吧。就像是做出了非常棒的商品，但它的设计书却糟糕透顶，这样的事情也是不可能的。

也就是说，做出来的东西的品质，能够100%地还原设计并体现出其中的精髓，就是最大的限度了。盖房子的时候，完全按照设计书来盖就是100%。不可能盖出比设计书还要好的房子。项目的执行也是如此。在推进项目的时候，按照项目计划书来执行就是最大的限度。不可能完成得比计划书还要好。因此，设计是重中之重。

“设计”指的是什么呢？就是“事先思考”。写作前进行思考。盖房子前进行思考。执行前进行思考。说话前进行思考。这就是所谓的设计。

世间一切皆由设计而来

例如，假设大家到快餐店去吃快餐，那里全部都是设计的集合，被设计好了的服务。就像到麦当劳用餐时，在前台看完菜单后点单，然后被请到旁边的柜台等待，拿了餐品后坐到座位上开始用餐。这就是麦当劳的设计，是一种服务的设计。

世间一切皆由设计而来。设计的本质，实际上隐含着“我想这样做”的要求，而表现出来的形式就是设计。所有的东西都是设计、意图。也就是说，是经过事先考虑的。因此，在付诸实际行动前，事先明确意图，并将意图具体化、有形化是非常重要的。设计——写作前的思考。写文章前，先想好要写什么、要怎么写、要怎样来表达思想，这比什么都重要。

思考指的是什么

那么，思考指的是什么呢？这在我之前写的一本书——《谁都没有教过我的思考技能》中做过说明，感兴趣的读者可以去读那本书。简要地说明一下，有效的思考必须具备三个要素（图表 12）。首先是“思考程序”，其次是每个思考程序中都必备的“思考技巧”，也就是思考方式，思考方式指的是运用何种“大脑运转方式”来进行思考。

图表 12 写作技能的构成要素

“深入思考”所必需具备的要素
缺少任何一个都达不到预期效果

按照正确的（有效的）程序

选择正确的（与目的相符的）思考技能

坚持不懈地思考直至获得成果

摘自《谁都没有教过我的思考技能》（日经 BP 出版社）

必须思考些什么、必须怎样思考，这在程序的每个步骤中都是不尽相同的。因此，步骤也意味着思考的切换。很好地进行思考的切换，明确现在正在思考的是什么，这样有意识地调整大脑的运转方式是非常重要的。

然后，在获取成果之前，不屈不挠坚持思考的“理性的执着”也是必要的。“嗯，差不多这样就可以了吧”，以这样的思想来做事的话，也只能写出那种程度的东西。那些被称为专业作家的人们，在写出文章前，都是经过相当程度的推敲的。一遍又一遍地精练、推敲，就是这样。

虽然，一般的商务人士并不是以售卖文章来与公司进行交易，但是，大家写文章的时间里，工资也随之产生了吧？也就是说，事实上，写文章也让我们获得了报酬。因此，我希望大家对自己写出来的文章能够保有一颗执着的心。

有效思考，指的是以正确的程序推导出答案的过程。这里所说的“正确的”是“发挥作用”的意思。发挥作用的程序——也就是说，一定程度上这样思考就可以推导出答案的程序。以这样的程序，配合与程序中各步骤目的相适应的思考技巧、再选择大脑的运转方式进行深入思考这就是刚才所说的“有效思考”的定义（图表 13）。

图表 13 “深入思考”指的是?

- 按照正确的（＝有效的）程序
- 选择与目的相符的思考技能
- 深入挖掘思考

写作场合每天都在不断地增加……

不要厌恶舍弃

接下来对写作程序（运用能力）的整体进行一下说明（图表 14）。首先，确定信息。接下来，分析读者。之后，收集点子，写出概要，也就是故事。接着写草稿进行推敲，最后是修改。这就是写作程序（运用能力）的 7 个步骤。

图表 14　写作程序（运用能力）的整体概要

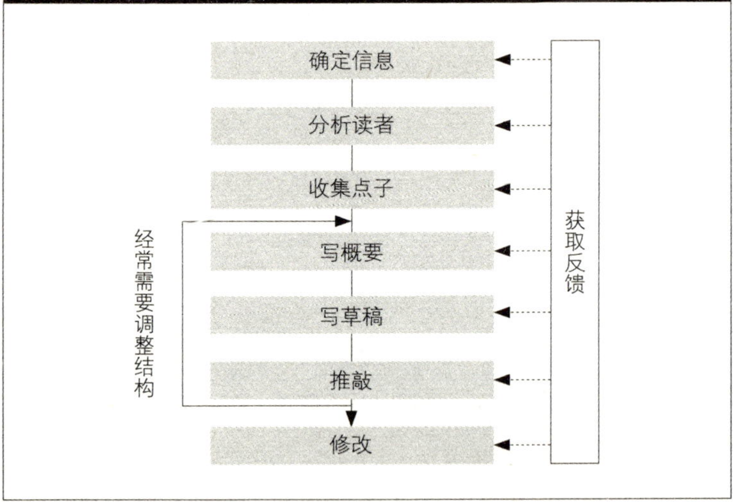

各个步骤中相通且非常重要的就是获得反馈。把写好的东西拿给别人看，请一定让他（她）给出评价。

还有一个非常重要的就是，经常对结构进行调整。那些写出高质量文章的人，都有一个共同特征，就是“不厌恶舍弃”。编程也是如此，优秀的程序员是不会执着于已经做出来的东西的。他们可以一遍又一遍地进行修改。有很多人不愿意去破坏已经做好的东西，而事实上，能做出高质量东西的人，都能够轻而易举地舍弃已经做好的东西。

写文章的时候也是一样，不要认为一旦把概要写好了，或者把文章写好了就不想再去改动，而是要经常进行修改、精练，这被称为“启发型过程”。与“启发（法）”相对的词语是“演算法”（图表 15）。演算法是一种方法论，指的是：“只要这样做就一定能得出答案”的一种方法。计算机科学中的计算方法就叫作演算法。与之相对的启发法是这样的一种方法论：不一定能够找到正确的答案，但可以在一定程度上获得接近正确答案。换一种说法就是：发现型方法论。

图表 15 启发法 heuristics

不一定能够找到正确的答案，但可以在一定程度上获得接近正确答案。发现型方法论。

⇕

演算法（algorithm）

展示了解决问题的具体程序。
“只要这样做就一定能得出答案”的一种方法论

写作是发现型的过程

这是一个在反复试验以及不断摸索中进行精练的过程，逐渐地接近答案，不断地向貌似正解的谜底靠近——这就是启发法。所有的商务活动都被称为解决问题的过程，写文章也是一个解决问题的过程，软件的设计也是如此。问题解决的过程中不存在演算法。没有经过不断地摸索、试验，是不可能从 0 变成 100 的，写作就是这样在不断的反复中精练。

项目的管理也是这样的。项目管理的一个基本原则就是：分阶段精细化。项目做的都是一些“没有做过”的事情，因此，最开始是没有任何信息的。在没有信息的情况下进行计划，渐渐地信息会不断增加，每次信息增加后就要进一步地将计划做得更加精细，这也是启发法的应用。

写文章也是一样的。刚才我说过，要毫不犹豫扔掉一些写好的东西。为了写出比这些更好的东西，使之更加靠近“答案”，就必须不断地反复推敲，也就是说经历发现型的过程是必需的。不试着写下来也就没有办法进行精练。不写下来就等于 0，我们没有办法对 0 进行精练。因此，笔耕不辍是非常重要的，写完扔掉，然后再写。

第二节
确定信息

写作程序的第一个步骤就是“确定信息”（图表 16）。就像先前所说的，所有的商务活动都是解决问题的过程，写作也不例外。

图表 16 写作程序（运用能力）的整体概要

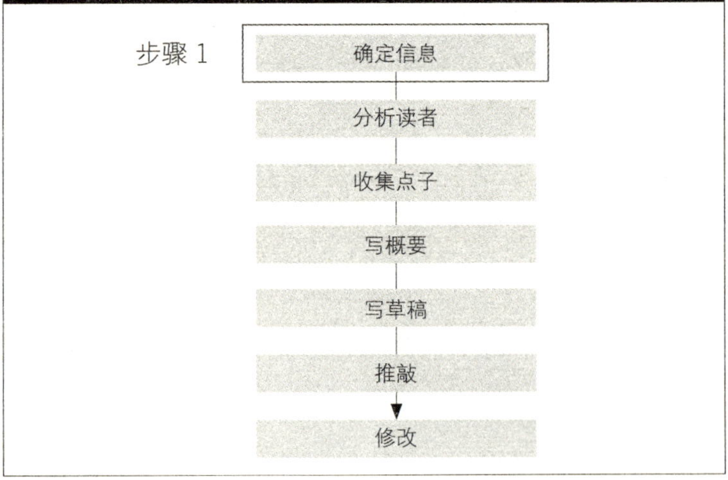

那么，解决问题到底指的是什么？问题、课题，还有被称为主题的，它们分别指的是什么？我们一起来确认一下（图表 17）。

图表 17 问题、课题、主题

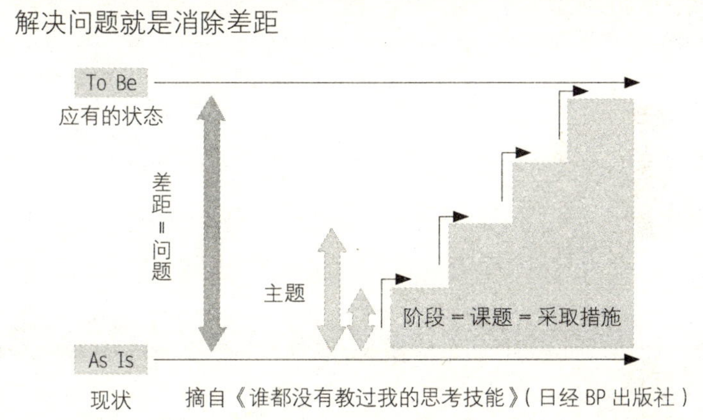

摘自《谁都没有教过我的思考技能》（日经 BP 出版社）

“问题”指的就是差距。是现状（As Is）和其应有状态（To Be）之间的差距。现在的状况是这样的，但我们期望它的状态是那样的。这种预期达到的状态就是一种应有状态，在达到这种应有状态前，差距必然存在。为了消除差距，必须采取什么样的措施、行动——这就是“课题”。

通过“课题”而消除了的差距，其标准被称为“主题”。“应有状态（To Be）”和“现状（As Is）”之间的各项都存在着不同程度的差距。单纯地以一种措施来消除所有的差距是不可能的。

例如，假设大家在经营一家餐厅。现在的状况是客人很少。来过一次的客人中，回头率仅有大约 50%。现在想尽量把回头率提升至 80%。那么，这之间就有 30% 的差距。为了消除这个差距，可以有如下这些主题：提高服务水平、提升品质、增加使用机会等。为了完成、实现这些主题，可以采取“进行员工培训”“改进流程”“创造使用机会”等措施，也就是各种课题。这就是课题和主题之间的关系（图表 18）。

图表 18　问题、课题、主题

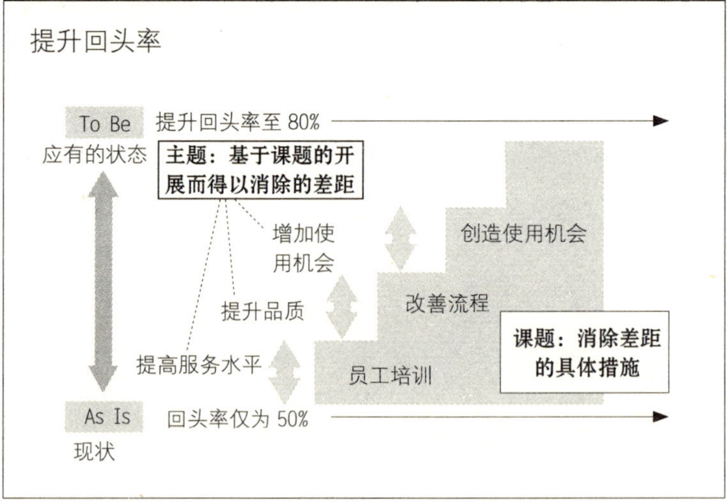

接下来，将这种关系代入到文章写作中看一下。为了消除差距而必须传达出来的就是信息。如何来表述这种信息呢？最重要的就是把想传达的思想用一句话表现出来。想说的是什么、结果会怎样——用这样的方式去表达（图表 19）。

图表 19　设定信息

信息指的是为了消除差距而必须传达出去的东西

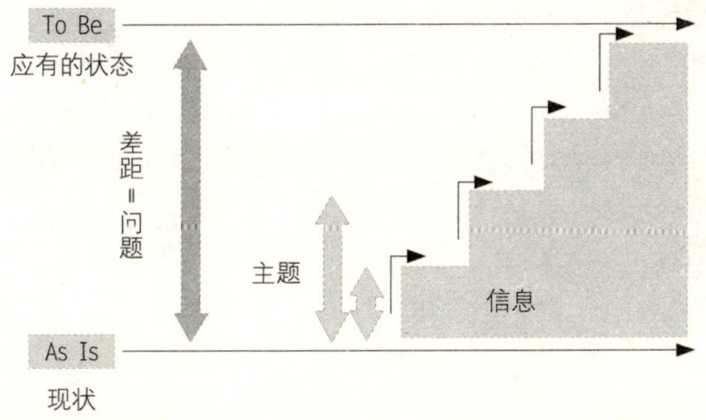

我在自己写的第一本书——《剩余工作为 0！的工作方法》中也写道，写文章的一个诀窍就是：像和母亲说话那样写。

例如，项目可能无法按时完成时，如果要向母亲说明这件事情时，你会怎么说？“以这样的进度估计会来不及，可能得延期了”——你只会这样说吧？而不会东拉西扯，更不会把整件事情的来龙去脉都说明一遍吧。也就是说，当你在思考要怎么说的时候，就想象一下如果是向身边的人以一句话来说明情况的话要怎么说。这就是想说的话，想表达的思想（信息）。

思考，直至能用一句话来表达

例如，假设现状（As Is）是，客户没有可以用来判断商品优劣的标准，虽然希望客户能够购买本公司的商品，但是客户无从判断该商品的好坏。也就是说，现状是没有判断材料。与之相对的应有状态（To Be）是，让客户了解我们的优势和特征，希望客户产生这样的想法：这家公司的这款产品比其他公司的好呢，我也来用一下吧。

那么，要消除上述两者之间的差距，必须传达出去的信息是什么呢？那就必须是“我们的优势是这样的”“其他公司没有的”“只有我们公司才有这样的优势”。这些不用一句话来说是传达不出去的。也就是说，要消除差距，只要用一句话来说明某种情况就可以了——这就是信息。

如果没有办法用一句话来表达，就说明你没有深入思考，或者是在你自己的心中也没有一个明确的概念（图表 20）。也许有读者会有过这样的经历——被别人说“你到底想说什么？”“那究竟是什么呢？”“所以到底是什么？”没有办法用一句话表达，说明在你的心中没有一个成型的思考、没有一个完整明确的概念。找到那“一句话”就是思考信息、确定信息的过程。

图表 20　方案中所传达的信息

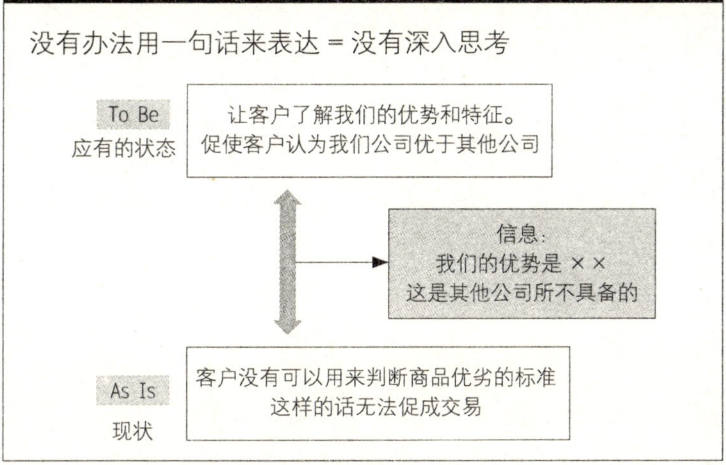

会写的人的思考程序示意图

那么，如何来思考这个“信息”呢？请看图表 21 。图中的上下两端是“应有状态（To Be）”和“现状（As Is）”。中

图表 21

间画有三个方框，分别是“整体信息”（也就是想说的是什么）“预期反应”“预期印象”。这就是写文章时的思考程序。把会写文章的人的思考程序表现出来，也就是这样的。

平常可以使用这个表格来帮助思考，习惯了之后，我觉得不管有没有这张表格都能进行思考。只要考虑以下问题就可以了：现在想要传达的思想是什么、现状是怎样的、想要达到什么样的状态、希望对方产生的反应是什么、给对方留下的印象是什么、想传递的信息是什么。

例如，以本书的写作作为一个例子来看一下（图表 22）。现状是：写作的场合不断增加，但是有很多人没有训练的机会、苦恼于写不好文章。虽然掌握了很多基本技巧、修辞手法、词汇等表现方法，但是他们不知道没有掌握写作程序（运用能力）就写不出好文章来。这就是现状。

针对这样的情况，看了本书后，希望读者能够达到怎样的一个状态呢？那就是：希望读者能够明白“写作程序（运用能力）”的重要性，并能够付诸实践。这就是“应有状态（To Be）”。那么，“信息”又是什么呢？那就是：掌握了写作程序

图表 22

主题　写作程序（运用能力）

应有的状态（To Be）

希望读者能够明白“写作程序（运用能力）”的重要性、并能够付诸实践。

（问题）GAP

整体信息（想说什么？）

掌握了写作程序（运用能力），谁都能写出好文章。
请掌握写作程序（运用能力），并进行实践。

预期反应

理解写作程序中的各个步骤。
在职场中进行实践。

预期印象

应该能写！也许能写！试一下看看！

现状（As Is）

写作的场合不断增加，但是训练写作的机会却很少。
苦恼于写不好文章的商务人士大量存在。
很多人不知道即使掌握了技巧，但没有掌握“写作程序（运用能力）”也是写不好文章的。

（运用能力），谁都能写出好文章。不需要品位，只要经过练习就能掌握。因此，请掌握写作程序（运用能力），并进行实践。这就是信息。

预期反应是怎样的呢？也就是说，希望大家在看了这本书后，产生什么样的行为呢？我期待各位读者：理解写作程序中的各个步骤，并在职场中进行实践。这就是预期反应。

那么，想给读者留下什么样的印象呢？刚才也有说过了，希望各位读者能在看了本书后，认为自己：应该能写，也许能写，并想“试一下看看”。那么这个时候，我所传递的信息就是：只要掌握了写作程序（运用能力），谁都可以写出好文章。这就是信息。

以处理系统架构的变更为例来看“信息”

再来看下另外的例子，例如系统架构。在系统架构中，存在客户和供应商这两个方面，这里，我们站在供应商的角度来考虑。在进行系统架构的时候，客户会在最一开始就把各项要求提出来，但更多的情况却是：随着时间的推移，客户的要求会不断改变。会要求“这里请进行变更”“那里请改成这样”

图表 23

主题　应对变更要求的方针

应有状态（To Be）

客户接受了处理变更的工时数以及其恰当性
在做出对双方都最为有利的选择项时，客户和供应商能够共享做选择的判断资料

（问题）GAP

整体信息（想说什么？）

如果对所有的变更要求都进行处理的话，就赶不上交付时间了
对策是：
1. 延长交付时限
2. 撤回变更要求
3. 投入使用后的应对
以上任选其一

预期反应

+ 设置商讨对策的场合
+ 进行建设性的讨论
+ 让对方给出一个具有现实意义的判断

预期印象

给客户留下一个积极的印象
让客户感受到我们有站在客户的角度思考问题

现状（As Is）

变更要求超出预计，这样下去的话赶不上交付期限
客户感受不到我们的努力

等。变更的地方越多，花费的时间也越多。因此，如果再这样下去的话，恐怕就赶不上交货期限了。更烦恼的是，我们明明非常努力地在做这个项目，但客户却无论如何也感受不到我们的努力。

此时应有的状态是什么？把我们想要达到的状态列出来，可以用这个图表来表示（图表 23）。

客户接受了处理变更的工时数以及其恰当性，接受了变更所需的时间。更进一步，在做出对双方都最为有利的选择项时，客户和供应商能够共享做选择的判断资料。

前面我也讲过了获取共识的重要性。没有确立共识是行不通的，这会导致双方的不信任。我们希望对方能够认为“这是妥当的”“这是理所当然的”。共享达成这样共识的判断材料，就是“应有状态（To Be）”。

那么，必须传递的信息、消除差距最恰当的信息是什么？此时我们会想说：如果对所有的变更要求都进行处理的话，就赶不上交付时间了。因此，这个时候的信息就是：请从延长交付时限、撤回变更要求、投入使用后的应对中任意选择一个选项。

预期的反应是，首先，为我们设置一个“场合”。讨论的场合、协商解决方案的场合。在这样的场合中，不是去批判，而是进行建设性的讨论，或者是让对方给出一个具有现实意义的判断，这就是预期反应。预期印象就是，给对方（在这个案例中指的是客户）留下一个积极的印象，认为我们“非常认真地在做呢”。

事先明确自己想要说什么，确定信息，这就是写作程序（运用能力）的第一个步骤。

第三节
分析读者

写作程序（运用能力）的第二个步骤是“分析读者”（图表 24）。为什么必须分析读者呢？原因在于，所有沟通交流的质量，都是由交流的对象来评价的，文章也是一样的。所谓交流，只是自己传递出信息是不成立的，必须要有接收信息的人，而交流的质量，就是由接收信息的人来评价的。信息是否得到了有效的传递，是由接收的人来判断的，因此，了解接收信息的人、了解读者，是非常重要的。

图表 24 写作程序（运用能力）的整体概要

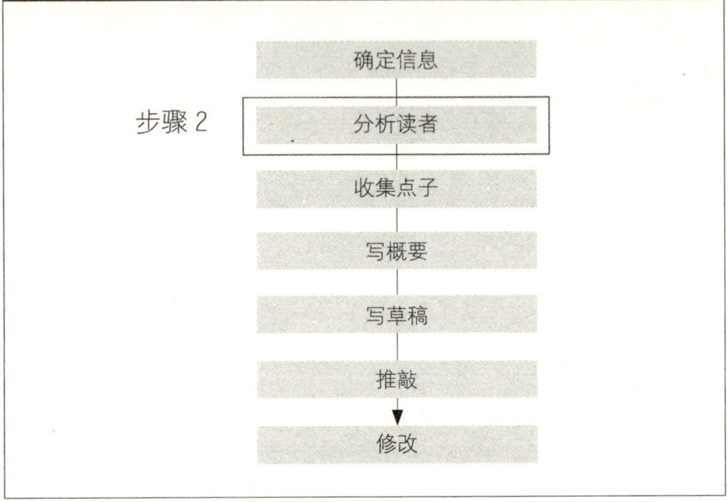

不考虑读者，一味地按照自己的想法来进行沟通交流的还是大有人在。例如，被称为专家的咨询师也存在这样的错误。他们是演说的专家、做方案的专家。但是，令人意外的是，他们提出的方案却有很多让客户感觉到“这个好像也不是特别想要呢”“不是这样的问题啊”“这不符合我们公司的文化呢”等。

我曾经作为项目管理人员（PMO），加入用户企业的信息系统部门，为他们做咨询。那个时候，有很多机会可以接触到软件供应商给出的方案。但是真正能让我感觉到“原来是这样啊，真是经过了认真的思考啊”“这个真是站在了客户的立场提出的方案啊”等方案真是少之又少，而更多的是感觉到好像哪里总是不太对劲。这就是没有对读者进行透彻分析的结果。做方案的时候，不是以供应商想做什么、能做什么来决定的，而是要充分地考虑客户想做什么、想得到怎样的效果。因此，对读者的分析不可或缺。

那么，要如何来进行分析呢？有四个要点（图表 25）。

（1）读者是谁，是什么样的人

第一个要点，理所当然应该是：读者是谁？我们要考虑这个文章是要交给谁的，给谁看的，那个人是站在什么样的立场。立场不同，所关心的问题也会随之变化。例如，假设现在要向客户提交系统开发的方案书，它的读者是谁呢？应该有很多是用户企业信息系统部门的负责人吧。但是，不仅止于此，还有业务部门的员工也会看，他们是作为系统直接的使用者来看方案的。此外，如果还有像我一样的外部咨询师的话，这个人也会看到方案。在这些人中，谁才是主要读者？谁才是拥有决定权的人？这些都是必须考虑的。

图表 25 分析读者

根据读者的不同，文章的要素也会随之变化

❶ 读者是谁？他站在什么样的立场？

读者是谁？
是一个人，还是几个人？
读者站在什么样的立场，负担着怎样的责任？

❷ 读者对背景、事情经过等情况掌握了多少？

对于这个主题，读者对其背景、事情经过了解多少？
读者拥有什么样的背景知识？

❸ 读者在担心什么？

读者拥有什么样的价值观？
担心些什么问题？
读者的思考倾向是怎样的？

❹ 读者喜欢什么样的表达方式、与作者的距离是怎样的？

读者经常使用的表达方式（说话方式、写作方式）是什么？
读者了解我吗？
了解的话，与我的距离是近还是远呢？

另外一个希望大家注意的是，文章有被误解的可能。例如，方案提交后，用户企业的负责人不是唯一的读者。这位负责人的上司也会看，经营决策层也会看。即使负责人及其直属领导认可了方案，马上就要进入签约阶段的时候，经营决策层给出 NG 的指示也是屡见不鲜的。如果要避免文章被误解了，那么，就有必要先想好都有哪些人有可能看到这个文章。

（2）读者掌握的知识有多少

第二个要点就是，要事先了解读者对背景、事情经过等掌握情况。我们如果不知道读者对背景知识掌握的程度，就会不知从何说起、无从下笔。另外，读者知道还不知道迄今为止的事情经过，也是我们需要考虑的。根据读者对背景知识的掌握程度，适时变换用词方法、判断是否可以使用专业词汇。这是可以影响到整体印象的。专业词汇就是一把“双刃剑”。例如，如果对方是同行，运用专业词汇就能更容易地获取、确立共识。但如果对方在不同行业的话，则会产生不必要的距离感。

这个专业词汇有时是个非常便利的工具，有时又会变成一个非常棘手的问题。例如，咨询师在接到项目时，最先做的一件事就是了解对方的行业。换言之，这实际上就是了解对方行业的词汇。这样会让沟通变得更加顺畅。让对方感觉到“嗯，这个人很了解我们行业啊”。相反，使用对方不了解的词汇是非常危险的。容易给对方造成这样的印象：哎，这个人完全不考虑我们啊。

在软件开发的过程中，销售、项目经理、工程师经常需要一起开会。这个时候，却有很多工程师会把事情搞砸。因为根本不知道他们在说什么。即使我和他们在同一个行业，他们说的很多我也没法理解。比如有个表达叫作“ronti”（原文中用的是一个较生僻的日文外来语——译者注），是指新商品或服务的上市，但我基本上不会使用这个词。我经常使用的是“service in”“cut over”“release”等，但我不会用“ronti”。用户甚至完全无法理解这个词语。

不是说不可以使用外来语。我也不像“专挑外来语毛病的人”一样，觉得什么都要用日语来表达。毕竟，在日语中没有的概念，就只能用外来语表达。即便硬是用日语来表达，也会降低准确性。我想说的并不是外来语这样那样的好或不好，而是说，要注意不要使用对方不明白的词汇。

专业词汇可以为我们和对方架设起共识的桥梁，也可以成为疏远对方的恶因。我就遇到过一个讲话通篇外来语的工程师。他不但没有得到客户的信任，甚至还被客户说：如果他来负责项目的话，我们会推迟和贵公司的合作。因此，为了避免这样的事态发生、获得对方信任，就必须分析对方了解些什么、掌握了哪些背景知识、在哪个行业工作。

（3）读者在担心什么

第三个要点是，了解读者关心什么问题。读者拥有什么样的价值观、担心些什么问题。这些是根据立场的不同而变化、根据人的性格不同而不同的。

对方关心的问题是什么，对于在文章中要传达些什么、以什么样的故事来传达等都影响重大。例如，对于重视成果、以结论说话的人来说，他们主要的兴趣点就在于：到底是多少钱、这个能赚到钱吗？而对于同样重视成果，但也重视“达到结果的过程”的人来说，就必须对达到结果前的过程、行动等进行说明。

另外，对于在公司内很重视自己立场的人来说，他们倾向于这样考虑：这能向领导说清楚吗？大家不会降低对我的评价吧？也就是说，每个人关心的问题是不一样的、是因人而异的。因此，提出方案的时候，必须根据对方来进行调整。

经常会听到这样的说法：文章要从结论开始写。但其实未必如此。原因在于，根据对方所关心的问题——想先知道些什么、听些什么不同，则开头的写法也不同。

未处理好客户关心问题的道歉邮件

给大家讲一个前几天发生在我身上的不愉快案例。我经常使用出租车，因为我出门总会拉个带轮子的小箱子，里面装满了文件资料，而坐电车的话不方便阅读资料，所以我常在出租车上看资料。

从家里出发的话，大多数情况下我会使用手机 APP 预约出租车。可就在前几天，之前还用得好好的 APP，突然出了故障，显示我“不在约车范围内”。没办法，我只好打电话到约车中心，告诉接线员“APP 用不了了。显示我不在约车范围内”。结果，接线员居然追问似的说道：“关于 APP 的咨询，将转接到其他部门。要约车吗？还是不约？”

当时我也很着急，无奈之下向接线员预约了一辆车。没想到接线员居然对我说："请告知上车地址。""欸？"这是怎么回事。约了那么久的车从来没有被问过这样的问题啊。"奇怪，没有登记吗？"我问道。"没有登记。"对方依然以一贯的口吻说道。"这很奇怪啊，我一直都在用呢。"我又说道，可不管我说什么，对方仍然只是回答"没有登记"。无奈之下，我将地址告知对方，然后接转到预约处理，这时会自动响起等候音乐。一般情况下，到约车成功大约也就需要数十秒的时间，最长也不会超过 2 分钟，但那天等候音乐没完没了地播放。而一般在这样的情况下，接线员会在中途告知"十分抱歉，请再稍等一会儿"。但那天却只有自动等候音乐在那播放个没完，我这电话是挂掉不是不挂也不是。

等了 15 分钟后，也不知道是什么情况，只好把电话挂了。车到底预约成功了没有都不知道。由于预约中心没处理好我的问题，我只好给附近的网点打电话。得到的答复是：约车系统从昨天开始就出故障了。网点也无能为力。于是只好给总部的咨询窗口去了电话。结果，由于那天碰巧是休息日，电话那头自动播放录音，说："请在工作日内来电咨询。"走投无路说的大概就是这种情况吧。

遇到这样的事还是头一遭，觉得实在是太过分了，气不过就在预约中心网站的咨询栏上留言，写下了事情的始末。咨询栏中需要选择咨询的类别，于是我选择了“抱怨”。

然后，几天后对方发来了这样的回复邮件（图表 26）。

大家看了这封邮件有何感想？乍一看似乎是挺恭敬、挺彬彬有礼的，但却不能说它已经回答了读者所关心的问题。

首先，写下这些抱怨的我，关心些什么问题呢？特意选择了“抱怨”这个选项，那么，我生气了这个事实就显而易见了吧？事实上，一天的刚开始就遭受了如此待遇，我那一整天都觉得心情很不好。都是老客户了，为什么还要受到这样的对待？这封邮件首先就要来处理客户的这种情绪。

但是，实际上对方发来的邮件中，一开始写的却是：“非常感谢您和我们联系。关于您指出的几点问题，在此，请让我做出如下说明。”说些感谢的话也是让我手足无措。毕竟没有人会为了指出问题而指出问题。客户的本意并不在指出问题，而是在于不满意而产生了抱怨。

图表 26　分析读者

根据读者的不同，文章的要素也会随之变化

芝本先生

非常感谢您和我们联系。关于您指出的几点问题，在此，请让我做出如下说明。
关于 APP 上显示“不在约车范围内”这个故障，以及询问您的地址后让您久等了这件事，是由于 × 月 × 日进行了无线中心的搬迁，而导致的系统故障。

对于接线员说“没有登记芝本先生地址”的这个失误，是系统故障导致客户信息没有正常导入，接线员误以为芝本先生是新用户而引起的。

由于接线员的态度给芝本先生带来了极大的不快，我们向您表示诚挚的歉意。

我们已经向该接线员发出了严厉警告，并对其进行了彻底的培训，以防止类似事件再次发生。

由于我们的处理不当，给您带来了很大的麻烦。再次深表歉意。

如有任何疑问，请随时联系我们。
今后也请继续使用本公司的服务。

没有理解对方所关心的问题，会导致传达信息的顺序出现错误

紧接着，对于我的抱怨，进行了情况说明："关于 APP 上显示'不在约车范围内'这个故障，以及询问您的地址后让您久等了这件事，是由于 × 月 × 日进行了无线中心的搬迁，而导致的系统故障。"但从用户的角度来看，他们期望的却是：对问题进行说明前应该先道歉吧！也就是说，这封邮件并没有回答客户所关心的问题。

接着，邮件中又写道："对于接线员说没有登记芝本先生地址的这个失误，是系统故障导致客户信息没有正常导入，接线员误以为芝本先生是新用户而引起的。"我真想叫他别说了。我明明非常清楚地在咨询栏中写道："我已经说了我经常使用，但是接线员就以没有登记而不理睬我。"此时，用户所关心的问题应该是：我已经说了但你却不理会我。对于用户的这个问题这封邮件中也没有做出相应的处理。

在这个案例中，用户（也就是我）所关心的问题首先是一直都在使用，为什么却遭到了这样的对待，其次是造成这些的原因，最后想知道今后公司有没有什么对策来改善。如果没有的话，今后就无法安心地使用公司提供的服务了。

说了这么多，想必给大家造成了我总是怒气冲冲、爱发脾气的印象，但其实我平时是个很温和的人。我想说的就是，没有理解对方所关心的问题，不管写出来的文章多么恭敬、多么有礼貌，都会造成相反的效果。

（4）根据与对方的距离选择适当的表达

分析读者的第四个要点就是，了解读者喜欢什么样的表达方式。这个只要看看对方所写的文章就能知道了。对方是以什么样的方式写邮件的、写出来的材料是什么样的，根据这些，就能知道对方喜欢的表达方式了。比如说，写邮件的时候是以较为柔和的语句来写呢，还是以较为生硬的语句来写呢？这些也会根据对方与自己的距离感不同，而有所变化。根据与读者的距离、读者所认为的距离，选择适当的表达方式是非常重要的。

写邮件的失败案例

和大家讲讲我写过的一个失败的邮件。之前有个叫波田阳区的喜剧演员，应该有很多人还记得他当时有个流行语，就是“可——惜啊！”在这句流行语正时髦的时候，有个客户给我发来了邮件，写道：“可——惜啊！因为……”这是和我关系非常好的一个客户，邮件的内容也没有特别讲到什么问题，我记得好像就是邀请我参加聚会。可对于这样亲切友好的邮件，我却一本正经地用敬语回复道："我明白了。"结果，对方立马给我打来了电话。问我："芝本先生，你生气了吗？"原来，对方认为是不是哪里惹恼了我，因为自己用开玩笑的口气写了邮件，却没有得到同样语气的回信。这就是我的失败之谈。虽然知道对方是以开玩笑的语气给我发的邮件，但由于不知道该如何回复，就还是像平时那样写了回信。现在回想起来，虽说如何回复这封邮件确实有些困难，但至少我应该以更加柔和的方式来回复。对方想要拉近距离，我却敬而远之地回复了邮件，这就是我的一个小失误。

相反，如果对方并没有感觉和你距离很近，你却给对方发去熟不拘礼、过分亲昵的邮件，反而会让对方觉得"这个家伙真是没礼貌"。重点就是，在自己所感觉的距离、对方和自己接触的距离的基础上，使用比适应该距离更恭敬一点的表达，这是最合适的。

SNS 上的褒奖，容易给人居高临下的感觉

在社交网络上，没有对读者进行分析也会造成失败。我

们经常见到的就有很多是“不造作却自以为是”的人（图表 27）。例如，以“我的主张是……”这样的口吻写出来的文章，读起来给人的感觉就是：咦，这个人在这个领域是这么厉害的专家吗？另外，褒奖，实际上也是一件非常危险的事。例如，在网络上介绍书的时候，如果你写道：这是我读过的书中最好的一本！那么看到的人就会想：你是读过了多少书啊？还有，“以我的经验来看”也是很危险的，好像自己是个什么很了不起的人物似的，自高自大。而这样的人比比皆是。完全不在意是谁在看自己写的东西。虽然没有什么恶意，也不造作，但却自然而然地给人一种居高临下、自以为是的感觉。

图表 27　弄错读者与自己的位置关系的话……

对待客户、领导的时候，也有人会自然而然地采取居高临下的姿态。他们会说“以我的经验来看，是这样的”“我认为是这样的”。职场中经常会见到这样的吧？还有，对领导说，“您真是热爱学习啊”，这样往往会让人感觉“喂喂，怎么总是这样居高临下地说话”“你以为你是谁啊”。没有搞清楚对方和自身的地位关系，是要出大问题的。没有分析对方，就会造成这样的后果。

分析读者，指的就是了解读者。谁会是读者、读者站在什么样的立场、掌握了哪些背景知识和事情的进展情况、关心的问题是哪些、喜欢的表达方式是什么、与自己的距离在何种程度，这些都是我们要把握好的（图表 28）。

分析读者的案例——以处理系统变更要求为例

在第一个步骤，即确定信息中，我们举了架构信息系统的案例，接下来，我将以这个案例为基础，进行读者的分析。想传达的信息是：如果对变更要求全部进行处理的话，就赶不上交付时限了。作为供应商，必须将这样的信息传递给客户。首先，考虑“读者是谁”，我们暂且将其设定为用户企业信息系

图表 28

分析读者

读者是谁？
读者站在什么样的立场？
读者对于该主题，掌握了什么样的背景知识和信息？
读者关心些什么问题？

读者喜欢的表达方式是什么？	读者与自己的距离感有多大？

统部的部长（图表 29）。

其次，思考“读者站在什么样的立场”。在这个案例中，读者是这个项目的负责人，也是管理供应商的负责人。同时，不仅仅是这个项目，他还与其他各色供应商共同工作，是公司内部的责任人。

那么，这位信息系统部部长“拥有什么样的背景知识呢”？如果他是工程师出身，那么他就应该有开发的经验，了解系统工程开发的所有相关知识。熟知系统开发的程序，也能够对工时数的恰当性进行判断。也就是说，他也应该明白变更是需要花费工时数的。同时，他从一开始就参与了项目。那么，我们就可以认为，我们即使没有把事情的前因后果进行详细的说明他也能够明白。

接下来，考虑“他关心的是什么问题”。前面也说过了，他了解系统开发的过程、知道变更需要些什么样的程序，以及这需要多少的工时数。那么反过来就可以说，如果变更的程序及所需工时数不妥当的话，对方是肯定没有办法接受的。此外，如果预算超出了一开始设定的金额，作为信息系统部部

图表 29

分析读者

读者是谁？　**用户企业的信息系统部　部长**

读者站在什么样的立场？
本次项目中管理供应商的负责人
信息系统部门的负责人

读者对于该主题，掌握了什么样的背景知识和信息？
了解该项目自开始到现在的所有情况
有开发的经验，了解系统工程开发的所有相关知识
能够对工时数的恰当性进行判断

读者关心些什么问题？
对作业内容以及工时数的恰当性要求相当严格
成本已经超过预算，想尽量避免更多的追加成本的产生
只要有充分的理由，就能积极地协助我们解决问题
不认可一切缺乏恰当性的事物

读者喜欢的表达方式是什么？
不喜欢拐弯抹角的表达方式
喜欢结论、证据都十分明确的表达方式
必须有定量的判断基础

读者与自己的距离感有多大？
在这个项目上，已经一起工作一年了。距离虽然不是很远，但是讲究虽然亲近也要不失礼节

长，是会尽量想避免追加成本的产生的。但是，又想做出一套对于自身企业来说有价值的系统。大概就是会这样考虑。

那么，对方喜欢的表现方式是什么呢？由于他是工程师出身，因此，不会喜欢拐弯抹角的表达。是这样的吧，工程师出身的人，大多数都喜欢比较“实在”的东西。无所谓什么客套话、形式上的东西。例如，写邮件的时候，有些人会过分恭敬、过分殷勤。他们会用像“实在是太不好意思了”“还望您不吝赐教”等表达。但是工程师出身的人不喜欢这样的表达，他们更看重的是有没有明确的结论和证据。至于距离感，例如已经一起做了一年的项目了，那么距离就不是很远。但是，也有人讲究虽然亲近也要不失礼节，等等。

就是像这样进行分析的，然后，就能知道对于这个人应该用什么样的表达方式了。开始写作前，把之前说的这些都想好了，写作的内容就会有很大的变化。这与什么都不想就开始写是完全不同的。确定信息、明确写给谁看的、这个人是个什么样的人，先对这些情况进行分析是非常重要的。

第四节
收集点子

写作程序（运用能力）的第三个步骤是“收集点子”（图表 30）。点子指的就是想法，或者也可以说是灵机一动。我们在说到点子的时候，都觉得它应该是一个创新的、崭新的东西，但其实它并没有那么高深，它就是一个“想法”。即使是头脑中浮现出来的一些东西，这样的程度也是没有问题的，重要的是“毫不迟疑地想出来”。总之，想出来。之后再来进行筛选。

图表 30　写作程序（运用能力）的整体概要

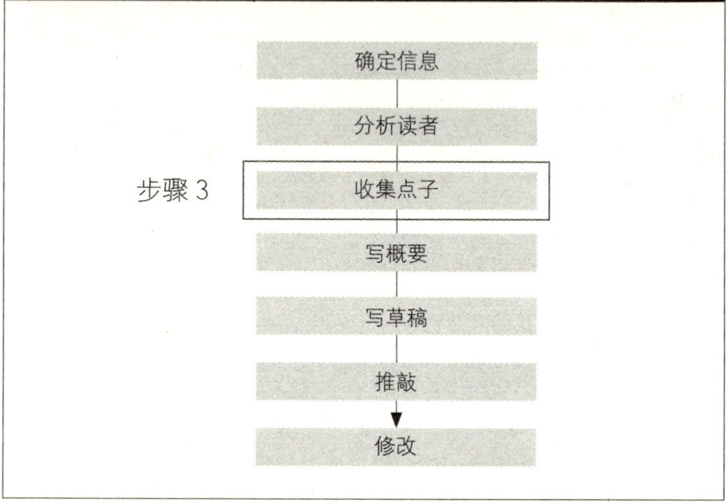

收集点子有以下几种方法：

（1）一条一条地写下来；

（2）写在便笺上；

（3）在白纸上自由地写下来；

（4）使用大纲编辑器（Outline Editor）；

（5）把书当成点子抽屉的把手；

（6）储备想法。

一条一条地写

“（1）一条一条地写下来”指的是把想到的东西自由地一口气写下来。我在写邮件的时候经常使用这种方法。写邮件的时候，不是一上来就写文章，而是先把想要传达的意思全都分条写下来。然后进行归纳、调整顺序并将其组合起来。边思考“这样能否将意思传达出去呢”，边将其写成文章。

使用便笺想点子的技巧

“（2）写在便笺上”是和将点子一条一条写下来相类似的方法。用便笺的话，可以更方便地进行替换及分组。分组的方法有：亲和图法、KJ法。

亲和图法的操作方法非常简单。

1. 把点子（想法）写在便笺上；

2. 对便笺进行分组；

3. 对各个组贴标归纳。

只要这样就可以了。

例如，假设我要在工作简历中写自我介绍。既然是自我介绍，那肯定要从自身的经验以及简历中找出一些吸引人的点来吧。比如说，“软件项目的管理经验”“改善程序的实际业绩”“全程参与新产品从策划、设计到协助销售的经验”，等等。我原本是不折不扣的文科生。大学在英美文学系学的语言学，因此，“从毫无经验到成为一个工程师”，这个应该是一个可以吸引人的点。

我在进入软件供应商工作前，根本没有做过程序设计，甚至都没有学习过软件工程以及计算机科学。即使是这样，由于想成为一名工程师，而进入了软件供应商这个行业，我也是吃了不少苦头。但正是有了这样的经历，当自己站到了培养团队成员、下属这个位置上时，才能懂得如何将“难懂的东西，用容易理解的方法”教给别人，“懂得了如何教授学习的方法”。这也应该可以成为一个吸引人的点（图表 31）。

图表 31　想点子

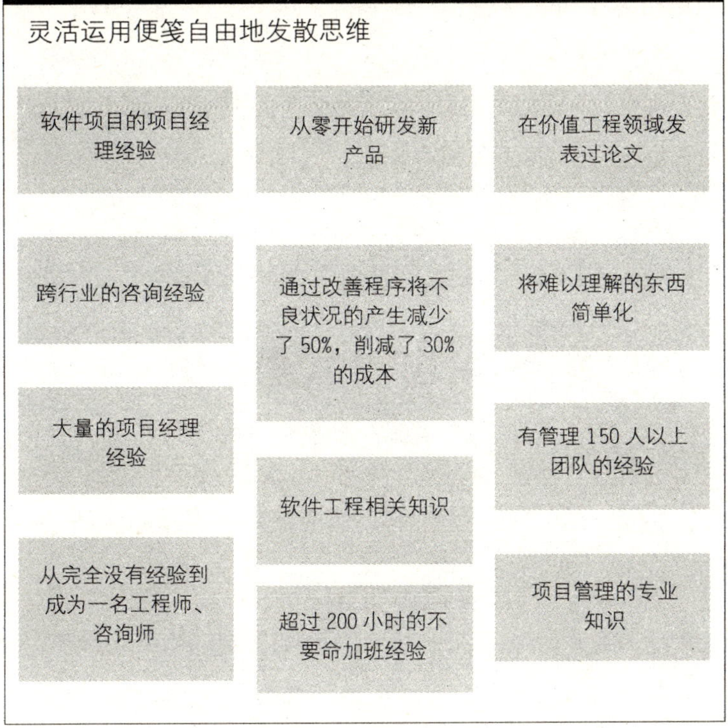

就这样把想到的点子（想法）写下来，然后，对这些点子进行分组，将相似的放在一起，不相同的分开放。重点是，不要根据“词语的相似性”来进行分组，而是边自问“这个到底指的是什么？”，边考虑“相同吗？不同吗？”来进行分组。用词语的相似性很难产生一些新的想法。

以“软件项目的项目经理经验”为例，就可以像下述这样，用“相同吗？不同吗？”来进行思考。首先，对各张便笺的内容进行思考。也就是说，这到底指的是什么？

+ 软件项目的项目经理经验—（这到底指的是什么？）—掌握项目管理的知识

+ 大量项目管理经验—（这到底指的是什么？）—不仅掌握了理论、方法论，还了解实际操作

这样一来，就可以看出，对于“项目管理的知识”这一点，“价值工程也是理论、知识”，从这个意义上来说，两者是“相似的”，因此我们就可以把这两者放在一起了。当我们把软件工程的知识、价值工程的知识、项目管理的知识这几个点分到一组后，“掌握了系统性的知识”“懂得教授系统性的方法论”这样的可以吸引人的关键点就清晰了起来。

此外，对于“了解实际操作”这个点，和“不要命的加班经验”也挺相似的。如果仅从“项目管理这个词语的相似性”来看的话，恐怕就只能想到“懂得进行项目管理”这个点了。

同样，以“从毫无经验到成为一名工程师”为例来看一下。

+ 从完全没有经验到成为工程师—（这到底指的是什么？）—了解学习技术时容易失败的关键点

就像这样，探究“这到底指的是什么”，就会发现，它与“能把难以理解的东西简单化”是相似的。

在以“相同吗？不同吗？”进行思考并分组的过程中，我们就会发现，小组之间也存在“相同或不同”的问题。接下来，我们再把相似的小组归到同一个大组中，就可以画出如图表 32 这样的图了。

最后，思考如何“用一句话来表达”每个组的中心思想，为每个组贴上标签。例如，把“从毫无经验到成为一名工程师”以及“能把难以理解的东西简单化”这两个小点用一句话来进行归纳的话，就可以归纳为：了解自己的薄弱环节。此外，把“系统性的知识”以及“了解自己的薄弱环节”这两个点用一句话来表达的话，就可以归纳为：能把系统性的方法论简单化。

就是像上述这样，以“相同吗？不同吗？”来促进思维的发散，然后进一步思考“用一句话来表达”中心思想，就能找出可以吸引人的关键点来了，而这仅仅依靠零散的点子是无论

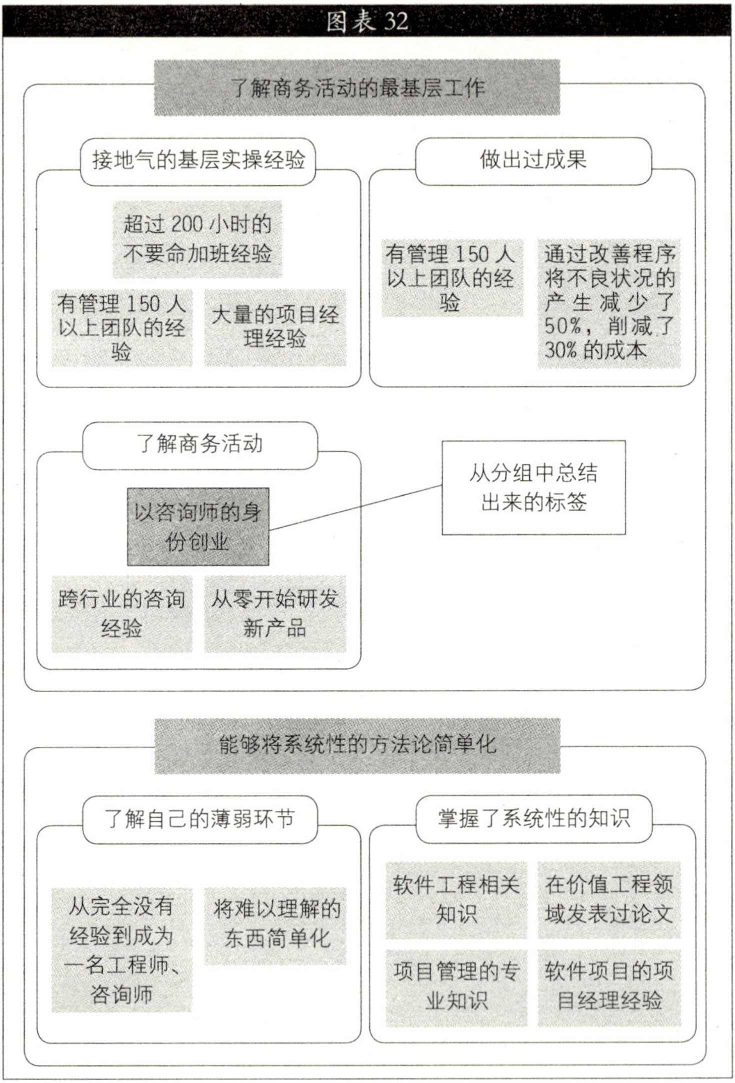
图表 32
了解商务活动的最基层工作
接地气的基层实操经验
超过 200 小时的不要命加班经验
有管理 150 人以上团队的经验
大量的项目经理经验
做出过成果
有管理 150 人以上团队的经验
通过改善程序将不良状况的产生减少了 50%，削减了 30% 的成本
了解商务活动
以咨询师的身份创业
从分组中总结出来的标签
跨行业的咨询经验
从零开始研发新产品
能够将系统性的方法论简单化
了解自己的薄弱环节
从完全没有经验到成为一名工程师、咨询师
将难以理解的东西简单化
掌握了系统性的知识
软件工程相关知识
在价值工程领域发表过论文
项目管理的专业知识
软件项目的项目经理经验

如何也找不出来的。

这就是被称为亲和图法的思维方式，可以说，这种方法是一个将现象（眼睛看到的东西）抽象化，并从中提取出本质的过程。这个过程是解决问题的基本方法，问题发生的时候，我们倾向于尽力控制事态（现象）的发展。例如，“销售额减少了，所以要增加与销售负责人的面谈次数”这样的对策，就是未经深思熟虑而将两件事情（现象）联系起来的典型案例。

解决问题的时候，最重要的就是知道“问题是什么”。现象，正如其字面意思那样，仅仅只是在表面上显现出来的东西，对其穷追不舍就只能变成打鼹鼠的游戏。要找出问题的真正所在，最根本的就是将现象抽象化（我在《谁也没有教过我的思考技能》一书中做过介绍，有兴趣可以参考那本书，加深对此的理解）。

亲和图法很简单，也是一种非常实用的方法。也正因为它的简单，就更要求你动脑子去思考。用熟练了之后，这将是一个非常便利的工具，因此，希望大家能够把它记下来。

动手思考

“（3）在白纸上自由地写下来”这一点用“动手思考”这

个说法就能准确地概括出来。例如，之前有讲过的“不造作却居高临下”这个话题。以此为例，就可以先在白纸上画一幅图，大概就是能表达“你是谁啊？”这个意思。然后，从这张图开始将思维扩散出去，在纸上的空白部分写下各种各样的想法（图表 33）。

图表 33　在白纸上自由地写下来

动手思考

会写文章的人的特征

- （看不清）
- 清楚地知道自己想传递些什么信息
- 懂得考虑对方的感受

不会写文章的话

- 效率低下
- 无法整理思绪
- 增加返工概率
- 增加了失败的可能性

交流的质量是由接收信息的人来评价的

交流的目标
（看不清）
调动预期反应

位置的差距
你是谁啊
社交网络
我的主张是……
要灵活运用经验……
应该这样做……
我是这样认为的

褒奖的时候需谨慎

本次研讨会的笔记

然后，可以在纸上随意地写下脑海中浮想出的任何东西，例如，以这样的故事结构传递思想是个好想法、会写文章的好处、会写文章的人和不会写文章的人在特征上的区别等。这个时候，笔的顺滑程度是非常重要的。原因在于，要让写的速度能够跟得上思考的速度。我用的是水笔，纸张的话，复印纸是很好的选择，公司里就有很多吧。用水笔在纯白的纸上自由地书写，这个时候，并不用考虑结构、顺序等问题，只是单纯地把想法写下来就可以了。想到什么写什么，自由地将思维发散出去，这是非常重要的。

大纲编辑器

还有使用“大纲编辑器”的方法。写文章的时候，很多人用的都是微软的 Word 软件，但是 Word 有格式、分页等要求，并不适合想点子的时候用。大纲编辑器是类似于文本编辑的高级版本。可以将纯文本进行结构分层。在电脑系统中，我用的是被称为“WA EDITOR”的版本，可以根据“.”的数量来判断分层。例如，“标题 1.”“标题 2.”这样，每一个层级中的文本都能很方便地移到上一个层级或下一个层级中，最适合“总之先写下来，然后再推敲精练”这样的思考程序。不过我最近一直使用的是 MAC 系统，还没有找到一款合适的大纲编辑器，甚是苦恼。

借助书本来想点子

“（5）把书当成点子抽屉的把手”指的是从阅读中得到启发，从而引出自己头脑中的点子的方法。到现在为止，我一直说的是“想点子”。这样的说法难免会给人一种要想出自己独一无二的点子来的感觉，但实际上并没有那么多原创的点子，基本上也有其他的什么人和你在想着同样的点子。大家一样都是普通人，因此，想法趋于相似是再平常不过的了。

另外，能够源源不断地想出新点子是少之又少的，基本上想点子是个很困难的事。这种时候，就把和自己想写的文章主题相似的书拿起来，大致浏览一下目录。这样一来，肯定可以找到和自己想法相似的东西。就这样引出自己的点子，也就是刚才所说的，把书当成点子抽屉的把手来用的意思了。

我自己在写书的时候，也是看了很多其他人写的书。但并不是说把那些书上的内容原封不动地搬过来用，而是说用这些书引出自己平时思考的一些东西来。“啊，这个，我也是这样想的”“不对，我不是这样想的”——引出这样的一些想法，将书当成存放这些点子的抽屉的把手来用。为了思考、为了引出自己的想法而看书，而不是为了获取信息而读。

储备捕捉到的点子

还有“（6）储备想法”这种方法。平时就应该树立起意识，这样就能从跳入眼帘的东西中想出很多东西。搭乘电车、看到电车中的小广告的时候；阅读的时候；和别人交谈的时候……都有可能产生各种各样的想法。这个时候，如果没有记下来、储备下来的话，想法就会白白溜走。想必大家都有过这样的经验：回过神来的时候突然发现，“咦？刚才我在想些什么呢？”

想点子的时候，经常有“三上”的说法。即“马上、枕上、厕上（日语词汇、如厕的意思）”。马上，用现代的说法就是使用电车、出租车等交通工具的时候；枕上，就是睡觉前、刚起床的时候；厕上，也就是上厕所的时候。

前几天，我就是在理发店洗头发的时候，想到了好几个可以用在本书中的素材。当时真是因为正洗着头没有办法记笔记，一洗完我立马给服务员说：“等一下！”然后赶紧拿起手机记了下来。

点子的出现是不分场合的。想啊想啊想不到，可就在正要放弃的时候突然跳出来。点子说不准什么时候就会蹦出来，因此平时最好要做好随时可以记笔记的准备。但是，普通的本子经常会不知所终，还有很多人是不带笔记本的。因此，我用的是便笺和手机。

我想到点子的时候，就会用手机给自己发条短信。看书的时候，也会把手机放在手边，有什么想查的，或者想到了些什么就马上给自己的手机上发条短信。还有些 APP 能把短信发到你录入的邮箱里，希望大家一定试着用用看。经常把自己想到的东西储备起来是非常重要的。这些都将会成为素材。

第五节
写概要

通过之前的步骤，点子（素材）就收集齐了。素材收齐了后，接下来就是第四个步骤——写概要了（图表 34）。概要指的就是“轮廓”。在文章中也叫“架构”。我之前说的“在写作前要进行思考”，这就是思考的主要部分了。思考把什么样的内容用什么样的流程、顺序进行传递。也就是说，确定说话的顺序。

图表 34 写作程序（运用能力）的整体概要

确定信息

分析读者

收集点子

步骤 4 写概要

写草稿

推敲

修改

例如，大家都知道的《桃太郎》的故事，它的概要如下所示（图表 35）。

图表 35 故事条理的重要性

民间传说的故事条理非常有趣、容易理解、记忆

很久很久以前，有个地方住着一位老爷爷和一位老奶奶……

慢慢地漂了过来……

桃子中竟然蹦出了……

桃太郎长大后，有一天……

在途中，桃太郎结识了一只小狗、一只小猴子和一只野鸡，并把它们收为仆人……

漂亮地打败了妖怪后，桃太郎带着小狗、小猴子和野鸡一起回到家。可喜可贺，可喜可贺。

很久很久以前，有个地方住着一位老爷爷和一位老奶奶。有一天，老爷爷到山里去割草，老奶奶到河边去洗衣服。洗着洗着，老奶奶发现有个桃子从上游慢慢地向她漂了过来。老奶奶便将桃子带回了家，刚一切开，一个如玉石般的小男孩从中蹦了出来。这个小男孩遂被取名“桃太郎”。桃太郎长大后，有一天，他对老爷爷说，“我要去魔鬼岛捉妖怪了”。在途中，桃太郎结识了一只小狗、一只小猴子和一只野鸡，并把它们收为仆人。他们一起打败了妖怪后凯旋。可喜可贺，可喜可贺。

这就是桃太郎的故事情节，也就是概要。清楚了故事的顺序，读者就更容易理解故事的内容了。

避免跳跃和噪声

有条理地传递信息的过程中，最重要的就是，不要让故事情节很跳跃。故事情节要是很跳跃的话，读者就只能是抱着疑问来追故事了。例如，像下面这个例子（图表 36）。

图表 36　故事情节的跳跃

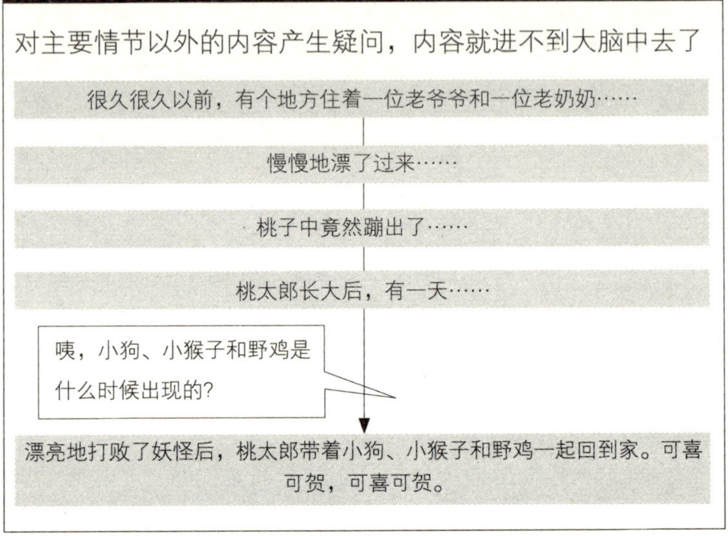

（到小男孩被取名为“桃太郎”为止的故事情节是一致的）桃太郎长大后，有一天，他去捉妖怪了。漂亮地打败了妖怪后，桃太郎带着小狗、小猴子和野鸡一起回到家。

在这个故事中，读者不禁会产生这样的疑问：咦，小狗、小猴子和野鸡是什么时候出现的呢？故事情节如果是跳跃的，读者就会把精力放在找故事的逻辑上，而故事讲了什么内容却完全进不到脑子里。那么，最重要的东西就传递不出去了。

除了故事情节的跳跃性，还有另外一点希望大家注意，那就是，不要“放入噪声”。也就是说，不要把和故事主要情节不相关的信息放到故事中去。例如下面这个案例（图表 37）。

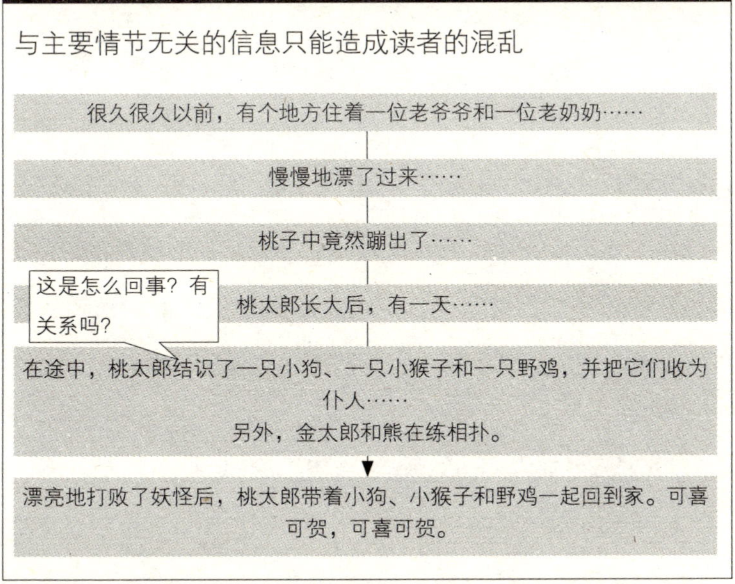

图表 37　噪声信息

在前往魔鬼岛的途中，桃太郎结识了小狗、小猴子和野鸡，并把它们收为仆人。另外，金太郎和熊在练相扑。

这是毫无逻辑可言的。明明是在讲桃太郎的故事，和金太郎一点关系也没有。可事实上，我们却经常在商务场合中，遭遇这样的包含了噪声信息的文章。虽然与原本想说的东西并不相关，但是却“这个也想说，那个也想说”，而加入了很多不必要的信息。这样只能造成读者的混乱。想点子的时候自由地想出来就行了，可写概要的时候，就必须剔除与主要情节不相关的噪声。

在这个例子中，像“金太郎”这样的噪声还算好的。如果完全不相干的故事，例如，突然间出来“美少女战士”的话，那就真的是丈二和尚摸不着头脑了。但是，我们却经常会把这样跳跃的信息放到文章中。想到什么写什么，就会变成这样。因此，有条理的故事脉络、主要情节是非常重要的。

用有条理的故事情节顺畅地引出结论

故事情节是为何而存在的呢？故事情节主要有三个功能（图表 38）。第一个功能是，“将读者顺畅地引导到结论上去”。根据条理展开论述，读者就可以做好心理准备，知道“接下来是要讲这方面的内容了”。反之，背叛了读者心理准备的故事情节，只能造成读者的混乱。

图表38 架构有条理的故事情节

故事情节的功能

❶ 将读者顺畅地引导到结论上去
按照故事条理展开议论，防止给读者造成混乱

❷ 使读者带着问题看文章
通过把信息交给读者，促使读者产生“疑问”，做好理解之后内容的心理准备 针对读者产生的疑问，给出确切的回答，就能提高文章的说服力

❸ 促进理解、巩固记忆
有条理、流畅的故事情节可以加深读者的理解 通过有条理的故事情节进行输入，使读者更容易记忆

第二个功能，是“使读者带着问题看文章”。促使读者产生“这个，到底是什么”的疑问，而逐步对该问题进行解答的，就是故事情节，这样，在思考故事条理的过程中，就可以很好地掌控读者有可能产生的疑问了。在刚才桃太郎的案例中，看到“桃子从上游慢慢地漂了过来”时，就会促使读者产

生这样的疑问："咦？发生了什么？这之后将发生些什么呢？"而在之后的文章中就给出了答案："老奶奶便将桃子带回了家，刚一切开，一个如玉石般的小男孩从中蹦了出来。"

针对读者有可能产生的疑问，给出确切的回答，就能提高文章的说服力。反之，没有对疑问进行明确的回答，就背叛了读者的期待，反而给读者带来了压力。

第三个功能，是促进理解、巩固记忆。通过有条理的故事情节，读者能更容易地进行理解、记忆。反之，故事情节太过复杂，只能使理解、记忆变得更加困难。桃太郎和金太郎的故事就是由于情节非常简单，因此，大家都应该还记得这个我们从小就开始听、读的故事吧。

有条理地设置故事情节，就是有如上这些好处。

在导入部分将"地图"交给读者

故事情节纵使千变万化，开头却必定会有"导入部分"。以桃太郎的故事来看的话，"很久很久以前，有个地方住着一位老爷爷和一位老奶奶"，就是这个故事的导入部分。在这个部分里，让读者意识到：开始要讲传说故事了。让读者做好准备——会是个什么样的故事呢？也就是说，让读者做好心理的准备，并引发读者继续往下看、继续往下听的意愿，让读者对故事充满期待。读者会不会继续往下看，就是取决于导入部分。这个导入部分也被称为“前言”“引子”。

在导入部分，明确说明“文章是针对什么内容而写的”，引起读者的兴趣。这对于读者来说，就像是“地图”一样的东西。这个地图告诉了读者“我要按照这样的顺序进行说明哦”，它承担的职责就是：事先告知读者说话的顺序。也就是说，把地图交给读者后，再开始进行说明（图表 39）。

例如，这本书的主题是“写作技能”。在最开始的时候我就说过，将以写作技能中的“程序（运用能力）”为中心来进行说明。因此，在一开始，我就把“写作程序（运用能力）的整体概要是这样的”这张地图交给了读者。这样一来，读者就会明白，这本书将按照“这个程序的顺序来展开说明”。在这个基础上，适时地提醒读者：现在讲的是程序中的这个步骤。那么，读者就能时刻了解到自己现在所处的位置了。

现在假设一下，如果我没有把程序的整体概要展示给大家

图表 39 导入部分的作用

读者会不会往下看，取决于导入部分 = 前言

❶ 明确说明文章是针对什么内容而写的

事先说明，让读者做好心理准备
针对题目做进一步的深入说明
例）“本方案将对系统导入的好处，以及导入之前的各项程序进行说明。”

❷ 引起读者的兴趣

让读者意识到这是自己有必要看一下的文章
并觉得确实有其价值
例）“相比系统的导入，随之产生的业务流程的改善是我们主要的着眼点。”
例）“一般认为，系统开发的成功率仅为 33% 左右。”

❸ 把“地图”交给读者

事先把故事条理告诉读者，让读者能够边确认现在所在的位置，边进行阅读
地图 = 目录
需要注意的是，地图太过详细的话也会使读者丧失兴趣
例）“首先，我先说明一下本公司对于贵公司各项要求的理解，接下来，再进一步说明我们提供的解决方法。”

就开始进行说明的话会怎样。如果一次都没有给大家看过程序示意图就开始说明的话，大家就会不知道我将以什么样的方式展开说明，也不知道现在是讲到什么地方了。也就是说，迷失了方向，不知身在何处。

例如，在企划书或方案中，最开始的地方一定会有目录。这就是以目录的形式将地图交给读者。更进一步，通过“概要”“致辞”“前言”等形式，“展示在本方案中，本公司对该项目的理解；说明本公司可以提供的解决方案、预算、日程安排以及体制机构”，促使对方做好心理（阅读）准备。另外，好的方案书会在中间放入可以确认现在所在位置的幻灯片，告诉读者现在讲的是“目录的这个部分”。如果没有这个部分的话，读者就没有办法把最开始输入大脑的信息记在脑中，并随时进行参照。而这样一来，理解就变得困难了。

概要的框架 1（报告型）

工作中经常用到的概要框架是“事实、判断形势、汇报意见”的模型。这种模型非常适合想要简洁地进行汇报时使用。佐佐淳行先生在其所著的《从重大事件中学到的“危机管理”》一书中，提到了“电梯汇报”。

当紧急情况发生时，我们是没有时间对掌管指挥棒的领导进行长时间的情况说明的，我们必须在去办公室的电梯中，简洁地对情况进行说明。这个时候，就可以使用“事实、判断形势、汇报意见”这样的“报告型概要”了（图表 40）。

图表 40　报告型概要

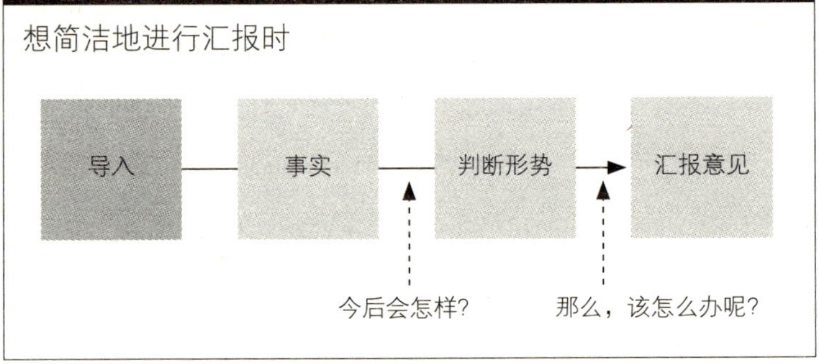

例如，在冷战时期，“苏联发射了导弹”这样的紧急情况发生了。这就是概要中所说的事实部分。“这样下去的话，数小时后就会击中华盛顿”，就是对形势的判断。“必须马上采取迎击行动”，就是汇报意见。在危机管理中，想立刻简洁地进行汇报时，只要掌握了这三个构成要素，就能马上将想表达的信息传递给对方了。

我们经常说“报告、联络、商量（日语中取这三个词的词头组合成专用词汇，表示及时报告、及时联络、及时商量的工作模式——译者注）”是非常重要的。而其中“报告”更是重中之重。我们常说要“及时报告”“不好的状况也要报告”，但令人意外的是，在“报告、联络、商量”的时候，要传达些什么信息给对方才好呢？对于这点，大家并不是非常明白。很多人一方面告诉下属要“切实地做好报告、联络、商量”，但另一方面却没有教给下属希望他传递些什么信息。这个时候，只要指导下属，“在报告的时候，务必按照‘事实、判断形势、汇报意见’这样的三件套来说”，就能非常明确地告诉下属要怎么来报告了，这是非常实用的一种概要模型。

例如，假设在系统开发的时候，出现了延误。这个时候不得不向领导报告、并由领导与客户进行联络。这个时候，有意识地按照事实、判断形势、汇报意见的概要框架来向领导报告时，就可以这样说：现在的日程已经晚了两个星期（事实），以这样的速度下去的话，有可能赶不上系统投入使用的时间（判断形势），请向客户请求延长交付的时限（汇报意见）（图表 41）。

图表 41　报告型概要

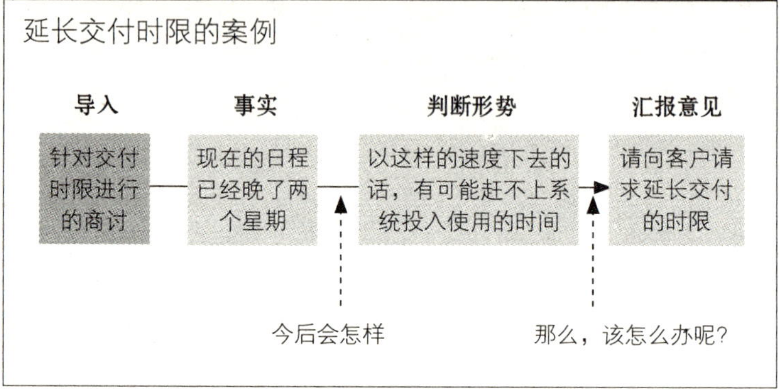

现在，让我们站在这篇文章读者的角度来看一下。听到事实（晚了两个星期），就会在脑海中浮现出这样的疑问：那之后会怎样呢？这时，作为对形势的判断，向其传递信息：这样下去就赶不上交付时间了。这样一来，读者又会产生什么样的疑问呢？那就是：要怎么办才好呢？应该怎么办呢？这时，提出“这样做吧”的意见。就是这样的一个非常简洁的框架。

概要的框架 2（要求型）

向对方提出要求的时候，“要求型”概要是非常有效的。它的结构是：现状、问题意识、要求的概要、具体的要求（图表 42）。向对方提出要求，例如，写“需求建议书（Request

For Proposal）”就属于这个范畴。它指的是，向承接系统架构的公司提出要求，请他们“将 ×× 内容写进方案”，并按照这个内容整理成的文书。除此以外，还有被称为“工作说明书（Statement Of Work）”的方式也是非常有效的。工作说明书将项目所有者对于项目领导提出的要求进行了总结，是向项目领导阐明“请做好这个工作”的文书。在向对方提出“请做 ××”的情况下，使用“要求型概要”能使信息的传递变得更加容易。

图表 42　报告型概要

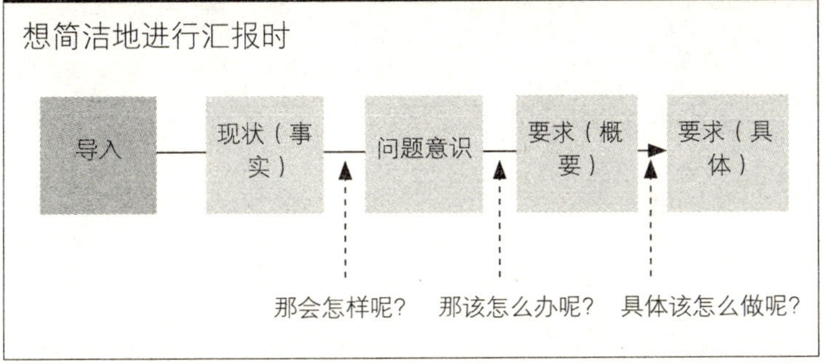

假设现在要给自己公司的项目领导写一份关于“请开始着手新商品开发项目”的要求文书。现实情况是：迄今为止，虽然本公司的业绩增长平稳，但是近年来增长速度不断放缓。针对这样的情况，读者就会产生这样的想法：这个我知道，那么会怎样呢？也就是说，这是对方也知道的事实。把对方肯定知道的事实写进去，就相当于打下了一个基础。从对方了解的事情开始进行信息的传递，就能使对方产生“那么，会怎样呢？”的疑问（图表 43）。

图表 43 要求型概要

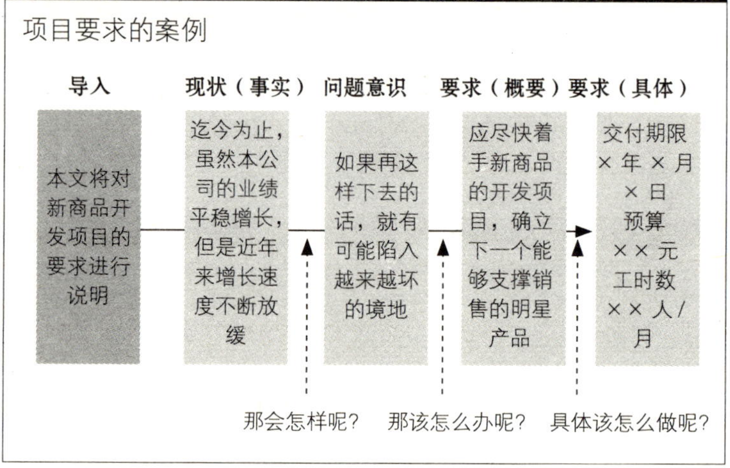

然后，针对这样的事实，向对方传递出问题意识，告诉对方：如果再这样下去的话，就有可能陷入越来越坏的境地。虽然到现在为止业绩平稳增长，但是再不改变的话，总有一天销售额会下跌，然后越来越差。这样一来，对方就会意识到：这确实是个问题啊。进而产生“那么，该怎么办呢？”的疑问。

针对这样的疑问，把“应尽快着手新商品的开发项目，确立下一个能够支撑销售的明星产品”写出来的话，对方就能恍然大悟：哦，原来是这样啊，我明白了。这就是“要求的概要”，通过这个概要，告诉对方：这个项目就委托你来做了哦。

听了要求的概要后，对方进而会产生这样的疑问：那么，具体要怎么来做呢？这个时候，就可以对要求进行具体的说明了，包括“在什么时候交付、大概的工时数、大概的预算、组织多少人员开展什么样的工作”。

也就是说，首先打下共识的基础，然后明确问题是什么，要怎么来解决，具体的措施是什么，就是这样的一个结构。按顺序来解答对方的疑问。这个模型也是通用的，使用起来非常便利。

通用型概要

最基本、常用的概要结构还有：“导入、结论、支持、结论”模型（图表 44）。这在什么样的情况下都可以使用，因此也被称为“通用型概要”。这里所说的支持，指的是证据。它的结构就是：先把结论写下来，然后摆出一个以上的证据，最后再总结一次结论。证据的话，可以只有一个，也可以有好几个。有好几个证据的情况下，就要按照它们的重要程度、空间位置、时间序列等顺序进行排列并展开说明。

图表 44　通用型概要

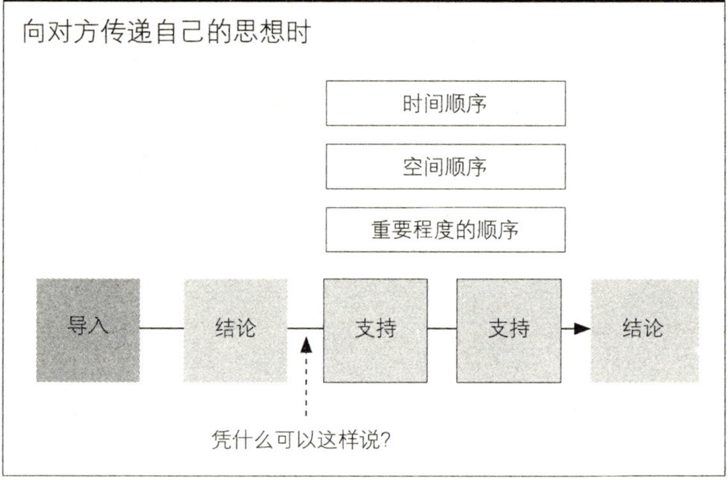

现在我们一起来思考一个身边的案例。例如，小孩缠着父母给买游戏机的例子。在导入的部分，孩子会这样说："爸爸爸爸，我有个想要的东西……" 促使父亲做好心理上的准备。这时，父亲就会说："嗯，又来要玩具了吧。" 接着，孩子就会传递出这样的结论："我想要个新的游戏机。" 在这里，父亲就会说："前段时间不是刚买了一个吗？" 这时，孩子就会不失时机地回答："嗯，之前买的那个都是两个月以前的了。"这就是一个证据。更进一步，孩子把各种证据一一展示出来：××小朋友也有一个、我没有的话就没办法和大家一起玩了、我会好好写作业的。这些证据都是孩子认为有可能说服父亲的素材。也就是说，是按照"重要程度"的顺序来排列的。最后，再次强调结论："就给我买一个吧。"这真是一个非常漂亮的框架。最终，父亲还是被说服了："真是没办法啊。一定要认真做作业哦。"

再来看一下写方案的案例。在导入的部分先把地图交给对方：在本方案中，我们总结了本公司对于贵公司所提出要求的理解以及本公司提出的解决方案。然后写出结论：从本公司的实际业绩及实现要求的程度来看，在满足贵公司需求上，本公司是最佳选择（图表 45）。

图表45 通用型概要

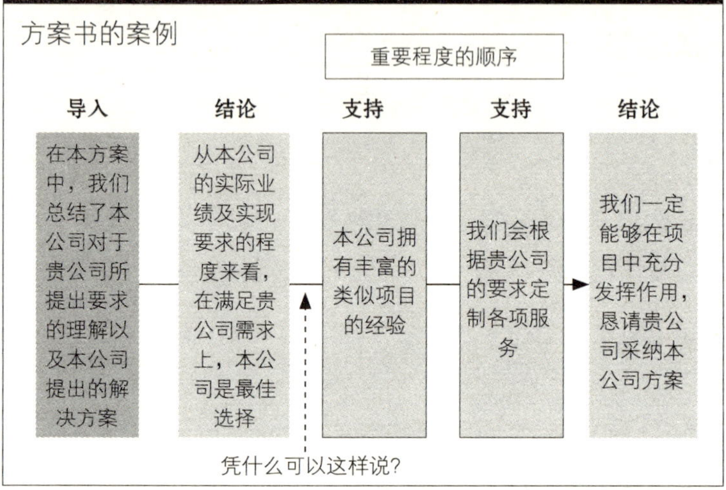

先看到这样的结论时，读者的脑中就会浮现出这样的疑问：“凭什么能这样说呢？证据何在？”进而，针对这样的疑问，提出证据加以支撑：“理由如下。”例如：本公司拥有丰富的类似项目的经验，我们会根据贵公司的要求定制各项服务，等等。最后，再一次强调结论：我们一定能够在项目中充分发挥作用，恳请贵公司采纳本公司方案。

回答读者最大的“疑问”

到此，我已经对概要（框架）的三种模型——报告型、要求型以及通用型都进行了说明。不论使用什么样的模型，在整体的故事中，都必须对读者的“疑问”进行回答。读者抱有什么样的疑问，是根据文章的性质不同而变化的。我们要经常检查一下，看看自己想要写的文章会让读者产生什么样的疑问，然后，针对这样的疑问，文章中是否给出了回答。

企划书的话，最大的疑问应该是：目前做这个企划的必要性何在？而简历的情况下，则应该是：录用了你我们能得到什么？为什么不是别人而是你呢？设计书的话，就必须是：这个设计的意图何在？（图表 46）

图表 46　读者最大的“疑问”是什么？

在整体的故事中，很好地回答了读者的疑问了吗？

- 提案书
  “为什么不是其他公司，而必须是你们公司呢？”
- 企划书
  “目前做这个企划的必要性何在？”
- 简历
  “录用了你我们能得到什么？”
- 设计书
  “这个设计的意图何在？”

第六节
写草稿

写作程序（运用能力）的第五个步骤是“写草稿”（图表47）。这个实际上指的是，以之前说明的东西为基础，试着写下来看看。可以用手写，习惯了用电脑的人，也可以用电脑来写。

图表 47　写作程序（运用能力）的整体概要

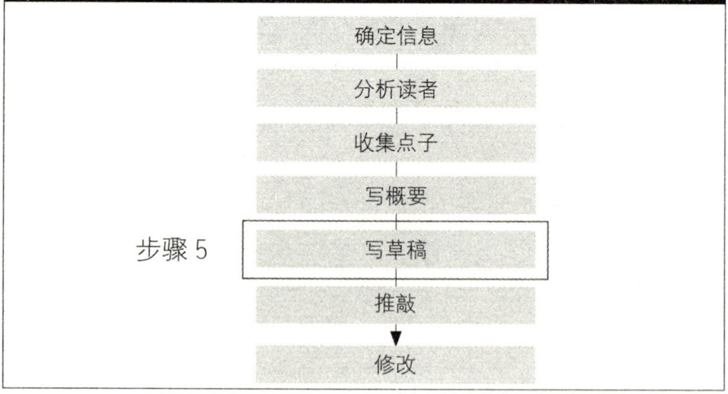

很多关于文章技巧或者写作的书中，都会教大家在写作的时候，要注意这个、注意那个。例如，句子要尽量简短、注释要这样来写，等等。但实际上，写文章的时候，对这些细节都一一关注的话，反而会写不出来。

以准备扔掉的心态来写

学会写作最大的秘诀就是：不要一上来就想写得很漂亮。这不仅局限于写作，制作、向外输出任何东西，最困难的都是一开始的阶段，也就是从什么都没有开始创作的阶段。一开始就想写出漂亮的文章，就好比从什么都没有的 0 状态，突然要创造出 10 甚至是 20 的东西来一样。这个难度是相当高的。因此，写不出来是正常的。要学会写作，就必须经历挫折。

因此，希望大家先从 0 做到 1　。从什么都没有的状态中，做出点什么东西来。如果说从 0 做到 10 或者 20 难度很大的话，那么，做到 1，应该就不会那么困难了。怎么做都行，总之，先把 0 变成 1　。一开始的阶段尽量把难度降低，把 0 变成 1，或者即使是 0.1 也可以。一开始做出来的东西尽管不是那么好，但总之把东西做出来了，这样一来，再把 1 变成 2、变成 3、变成 4，并阶段性地提升至 10、20，就非常轻松了。而这个精练过程的基础，就是最开始的那个 1 。

选定概要的框架，根据这个框架，想到什么写什么。切记，不要想着要写得很完美。说到底，就是粗略地写一下，一开始没有必要写出很有说服力、很漂亮的文章，请抱着扔掉初稿的前提来写作。

我写书的时候，原稿就写了两次，初稿扔掉了，但虽说是扔掉，也不是什么都不用地一闭眼直接扔掉。而是说边参考初稿，边考虑是不是有更好的表达方式？是不是变换一下顺序会更好？是不是加进更多的例子会更容易理解？然后在电脑上进行修改。

抱着把初稿扔掉、要写两次的心态去写的话，就能安下心来写东西了。因为心理上会觉得不管写得多拙劣，之后再进行修改提升就可以了。初稿的目的说到底就是把 0 变成 1 。

在本书的第三章中，以“写简历”为题材，让各位读者朋友可以亲自动手来实践一下，请一定翻到第三章，实际尝试看看，挑战一下自己。

第七节
推敲与修改

是“推”，还是“敲”

粗略地写完之后就要对文章进行精练了。也就是相当于写作程序（运用能力）的第六个步骤：推敲，以及第七个步骤——修改（图表 48）。推敲指的是“文章写好之后，一遍又一遍地重读、斟酌”。“推敲”这个词来源于典故，我好像记得是在中学的语文课中学习到的。

图表 48 写作程序（运用能力）的整体概要

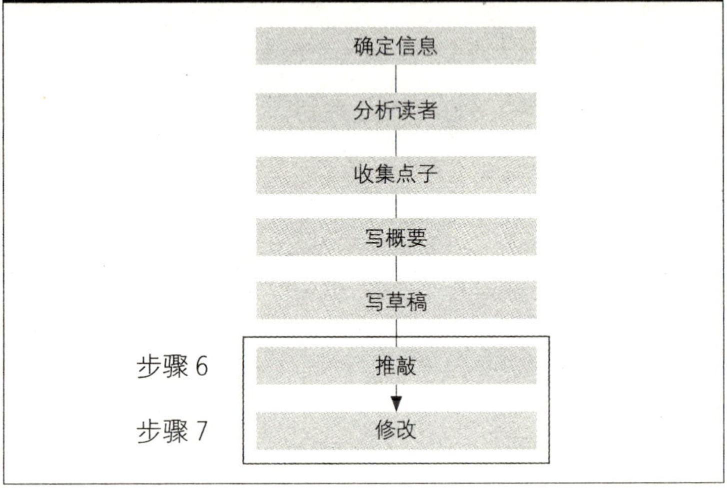

唐朝的时候，诗人贾岛边骑马边作诗。这时，他吟出了“僧推月下门”这句诗句。可这里要用“推”好，还是用“敲”好呢？他忘我地思考着这两个字，不幸冲撞上了韩愈（当时一个很厉害的人）的巡游队列。被带到韩愈面前的贾岛说明了事情的缘由，作为著名文学家，韩愈向他建议：“这里用‘敲’字会更好。”于是，两人并排骑上马离去，共同讨论诗词歌赋。

人们听说了这个故事后，就把“文章写好后，反复地思考斟酌”称为“推敲”。写出优秀文章的人，也不是一开始就能写出好文章的，而是写好一次之后，一次又一次地反复思考、琢磨而成的。

就像故事中所说的那样，在推敲的时候，能够得到反馈是最好的。让别人来读，然后问问别人“觉得怎么样”。只是自己一个人闷头思考的话，思维就很容易固化。为了从这种固化了的思维中抽离出来，让第三者来看、得到第三者的意见是最有效的。

写文章的三个基本原则

写草稿的时候，把“0 变成 1”，把自己头脑中的东西化为文字非常重要。然后，到了精练的阶段，才开始考虑各个细节的问题。检查验证“这样的表达方式是不是更有说服力”“这样来说是不是更容易向对方传达出思想”，等等。这个时候，写文章的基本技巧就能派上用场了。

在本书开头的地方，我向大家介绍过一本非常好的书，叫《沟通技巧》。读了这本书后，使我经常会注意到一些事情。那就是，写文章时需要注意的三个原则——（1）一个词 / 一个意思；（2）一个句子 / 一个点子；（3）一个段落 / 一个主题

（图表 49）。

图表 49　写文章的基本技巧

文章记叙的基本原则

❶ 一个词 / 一个意思

选择读者能够理解的词语
选择确定为单一语义的词语

❷ 一个句子 / 一个点子

一个句子中，只表达一个思想
不要使用不作为转接连词的“ga”

❸ 一个段落 / 一个主题

在一个段落中只涉及一个主题
不要写进与主题无关的信息

（1）一个词 / 一个意思

首先是“一个词 / 一个意思”。有很多词语是带有多重意义的。例如“管理”这个词。这个“管理”的意思，对于不同的人来说意义是不一样的。有人认为，向人发出指示就叫作管理，但也有人认为管理不是这个意思。“管理”这个词，在英语中指的是“management”，还是“control”，也经常成为议论的焦点。那么，“management”和“control”的区别又是什么呢？

顺便说一下，我在之前写的那本《谁也没有教过我的思考技能》的书中，对“management”和“control”分别下了这样的定义：“management”指的是“使团队及部门、成员及下属能够保持充分发挥作用的状态”；“control”指的是“制定标准，并把各项事务控制在合理的范围内”。management是为了让团队、成员能做出成果来，而为其准备相应的环境、争取预算、调动士气。而control是，例如，制定“×月×日前必须完成”的标准，同时，监管项目进展状况以确保项目按时完成，一旦出现紧急情况而完不成目标时，立即采取补救措施。这就是我对这两个词下的定义。

“营销（marketing）”这个词也是一样的。营销指的是战略，还是促销活动？而有的人则认为，经营活动就是营销。针对营销，德鲁克是这样说的：“营销的理想状态就是使推销成为多余。”也就是说，营销就是一种不需要推销、促销、兜销，就能使商品自动卖出去的状态。

而另一方面，日本营销协会对营销是这样解释的：营销指的是企业或者组织以全球化的视野，获取与客户的相互理解，同时，通过公平竞争，创造市场的综合性活动。这与德鲁克的定义相去甚远。

重要的是，能否与读者建立共识。如果这个词可以解释成好多种意思，那就必须对其进行说明。比如说，“这边所说的管理，指的是 ×× 的意思”“这边所说的营销，指的是 ×× 的意思”，就像这样。而反过来说，如果与读者持有相同认识的话，则不需要对词语进行严密定义。说到底，就是要根据与读者之间的关系来进行判断。“一个词语 / 一个意思”就是将词语的意思固定下来，使对方和自己、读者和作者之间能在相同的意义上使用该词语。

（2）一个句子 / 一个点子

其次是“（2）一个句子 / 一个点子”。就是说在一个句子中，不要放进各种各样的东西或者是多个点子。

为了避免这样的情况，就要在句子中排除掉不作为转折连词的“が”(日语书面语中，“が”是作为转折连词使用的，但在口语中，经常被用作句子之间的停顿，表示单纯的接续，并无实际意义——译者注)。在口语中，经常使用不作为转折连词的“が”。例如，在“关于这件事情”“上次的那件事情”等句子后面加上“が”作为接续。“が”是一个非常便利的词，使用在句子中时，句子可以连绵不断地延续下去。

“が”原来表示的是“但是”的意思。就像是在“虽然努力了，却没有成功”的前半句说完后加上“が”，表示转折。口语中使用无实际意义的“が”来作为句子的停顿、接续是没有关系的，但是在写文章的时候，请不要使用与其原意不符的“が”。去掉了不表示转折的“が”后，多个句子就没有办法连接在一起了。也就是说“复句”就不复存在。复句会使句子变长、经常容易包含多重意思。只需去掉不表示转折的“が”，就可以使句子变短、变得更容易理解。

(3)一个段落/一个主题

最后是“(3)一个段落/一个主题”。主题，也就是想要说的事情。在故事结构中，可以是“结论”，也可以是“证据”。请大家在一个段落中只涉及一个主题。与该主题无关的信息全都是噪声。在一个段落中放进多个主题、主张或想说的话题，只会使段落的意思含混不清，不知所云，造成读者的混乱。

例如，在方案中，要摆出证据，为“在满足贵公司需求上，本公司是最佳选择”这个结论提供支撑时，“本公司拥有丰富的类似项目的经验，并且开展过与控制商品质量相关的活动”这样的论证就会让人摸不着头脑，不知道你到底要强调的是哪一点。原因就在于，段落中放进了两个主题，即“拥有丰富的类似项目的经验”“开展过与控制商品质量相关的活动”这两个主题。想说的话题有两个的话，分成两个段落来写就可以了。

再重复一下，与主题无关的信息都是噪声。在一个段落中只讲一个主题。为了让读者清楚地知道“这个段落讲的是这个事情”，只能在段落中放进一个主题。

（1）一个词 / 一个意思；（2）一个句子 / 一个点子；（3）一个段落 / 一个主题。只需忠实地遵循这三个原则，写出来的文章都能在很大程度上得到提升。刚开始的阶段，只要注意这些就差不多够了。

有意识地使用连词

写作基本技巧的第二点就是，连词的使用方法。我们在小学、中学的时候都有学习过，但是却很少有人能在平时有意识地使用这些连词。有可能是因为在学校学到的连词的分类有些不好懂，使用起来不是很方便。写商务文章时，《新版理论训练》（产业图书出版社）这本书中对连词的分类是比较简单易懂的（图表 50）。

图表 50　写文章的基本技巧

连词的使用方法

解说 （A=B）	对主张的内容进行详细说明 “也就是说”“换言之”“就是说”“总的来说”
证据（因果） （A←B/A→B）	用什么来证明这个主张、展示证据 （A→B）“因此”“所以” （A←B）“原因在于”“是因为”
示例 （A 例如 B）	用具体示例进行说明，或者是摆证据 “例如”
附加 （A+B）	对主张的附加说明 “并且”“而且”“与其……不如……”
转折 （A 但是 B）	改变主张的方向 “但是”“可是”
补充 （A 只是 B）	对主张的补充。与转折相似，但更侧重于强调原来的主张 “只是”“原本就是”

这本书中，将连词分为了六个类别。即“解说”“证据（因果）”“示例”“附加”“转折”“补充”。

解说

“解说”关系连词就是对主张的内容进行详细说明的连词，例如“也就是说”“换言之”“就是说”“总的来说”等都属于表示解说的连词。使用这些词语，就是对说到的事情进行进一步的详细说明：“这也就是指的 ×× 。”前后句是对等的关系。用前面提到的例子来说，就是像这样的使用方法：“管理（management），也就是使团队及部门、成员及下属能够保持充分发挥作用的状态。”也就是“管理（management）= 保持状态”的关系。

证据（因果）

“证据（因果）”关系连词指的是因为 A，所以 B；A，原因在于 B，这样的形式。展示了事情的理由、证据。“因此”“所以”“原因在于”等都属于证据（因果）连词的范畴。例如，“因为错过了电车，所以上班迟到了（A–B）”“销售额增加了，是因为新商品的热卖（A–B）”。

示例

“示例”关系连词指的就是“例如”这样的词。“我们有类似项目的经验。例如，A 公司的 ×× 项目就是本公司负责的”——就是像这样，展示具体的事例，加深读者的理解。因此，如何融入具体案例是一个关键点。在这本书中，就用到了很多的“例如”。

我们总是倾向于用抽象的表达方式来表现自己理解了的东西。例如，“项目是一种具有独一性以及期限性的活动”，这样的表达看了也不知道是什么意思。但是，如果展示了具体的事例，例如“建房子的时候，我们是没有办法在相同的土地上，以相同的设计来建的。同时，房子不可能一直处于建设中的状态，总有完成的时候。就像这样，没有重复且有完成时限，就是项目的特征”，用这样的实际案例来表达的话，读者就能根据自身的经验来理解了。

附加

“附加”关系连词指的就是“并且”“而且”“还有”“与其……不如……”等词语。“本公司的产品性能优越，而且具有使用轻便的特征”。这就是附加。“与其……不如……”这样的表达方式虽然给人转折的印象，但请将它理解为与想说的话方向是一致的。“与其说他不是一个没有人情味的人，不如说他非常热情。”“不是没有人情味”和“非常热情”就是相同方向的。

转折

与附加相对的，“转折”关系连词指的就是与主张的方向相反的连词。除了“但是”，还有“可是”“不过”“却”“然而”等。“这个项目的质量很好。不过，延期交付了。”这里的方向就改变了——质量很好（积极的）——延期交付（消极的）。

补充

补充和转折相似，在更侧重于强调原来的主张时使用。“这个项目的质量很好，就是延期交付了”，这与刚才的句子说的基本上是一样的，但我们能感觉到它的侧重点是不同的。“不过，延期交付了”这样的说法，就把侧重点从“质量很好”上，转移到了“延期交付”这个第二主张上了。另外，“就是延期交付了”这样的说法，它的侧重点仍然是“质量很好”。这给读者带来的印象是完全不同的。

有意识地使用连词，就能很好地将“逻辑”传递给读者。故事条理实际上就是逻辑的重叠。写出“原因在于”，读者就知道“接下来要写‘理由’”了，这样读者就能很有条理地来追随故事情节了。

要多加注意连词很少的文章

说几句题外话，大家在看书的时候，要特别注意那些连词用得很少的文章。连词用得少的书分为两类。一种是：即使不使用连词也不影响逻辑的传递；另一种是：没有逻辑的书。

好的文章有一个特征，就是“连词用得很少”。连词作为凸显逻辑的标志是非常便利的工具，但是怎么说都会让文章显得有些生硬。因此，优秀的作家在没有连词也可以使意思通顺、逻辑清晰的情况下，都会尽量地省略连词。原因就在于，如果条理清晰的话，即使没有特意使用连词作为逻辑的标志，读者也能看明白。

另外，也有的书是因为没有逻辑可言，所以没有连词。例如，就像“你有无限的可能性，这是因为有无限的可能性”这样的句子，只能变成词语的堆砌，是很不负责的文章。

大家在看书的时候，请注意连词。有意识地注意一下文章中是否使用了连词，连词的种类（解说、证据、示例、附加、转折、补充）以及其前后内容是否互相呼应。只要这样做，逻辑能力就能有很大的提升。

提升逻辑能力的诀窍

从刚才开始，我就一直提到了“逻辑”，那么，“逻辑”到底指的是什么呢？大家会经常被要求“有逻辑地思考”“有逻辑地进行说明”吧。“逻辑思维（logic thinking）”也成了一个很普遍的词。但是，能真正地回答“逻辑是什么”的人却少之又少。

说到逻辑，大家总会感觉它很难，但实际上并不是这样的。逻辑指的仅仅只是“关系”，如 A 事件和 B 事件、词语和词语之间的关系。今后，如果再被问到逻辑指的是什么，我觉得，用“关系”来回答就可以了。

例如，现在所说的事情和接下来要说的事情，迄今为止谈论的话题和现在开始谈论的话题，对方所说的事情和我说的事情，对方听说的内容和我回答的内容，这些关系成立了，就是逻辑（图表 51）。反过来说，没有逻辑，就像被别人说“我刚才说的不是这个话题”“我不知道你在说什么”一样，两件事情之间的“关系”是不成立的。例如，我在问“赶得上交付时间吗？”你却向我进行了情况的说明：“到目前，项目的状态是 ×× 样的……”这就是问题和回答之间的“关系”不成立。也就是因为这样，才会被别人说：“我刚才说的不是这个事情。”

图表 51 逻辑是什么？

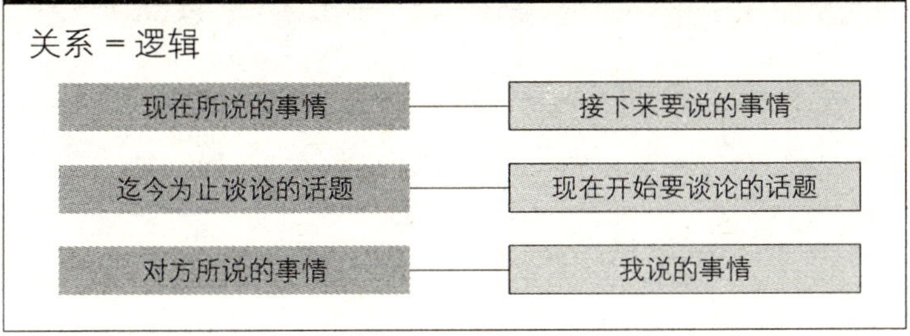

要想有逻辑地写作、说话、思考问题，就要着眼于事物之间的“关系”。关系，除了用刚才提到的那些在写文章中需要用到的“解说”“证据（因果）”“示例”“附加”“转折”“补充”等连词来表示以外，还有各种各样不同的种类（图表 52）。

图表 52　逻辑（logic）的种类

并不简单地指字面上的逻辑

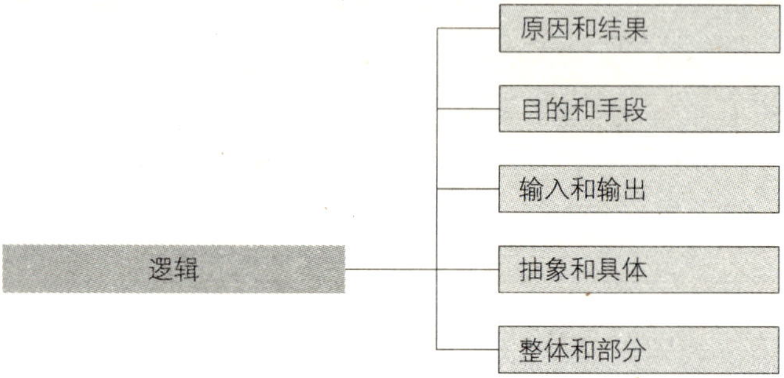

原因和结果

在商务活动中，最经常使用的就是“原因与结果”的逻辑（图表 53）。“被石头绊到所以摔倒了”“车速太快了所以发生了事故”“顾客数量增加了所以销售额上涨了”，这些都表明的是原因与结果的关系。

图表 53 逻辑（logic）的种类

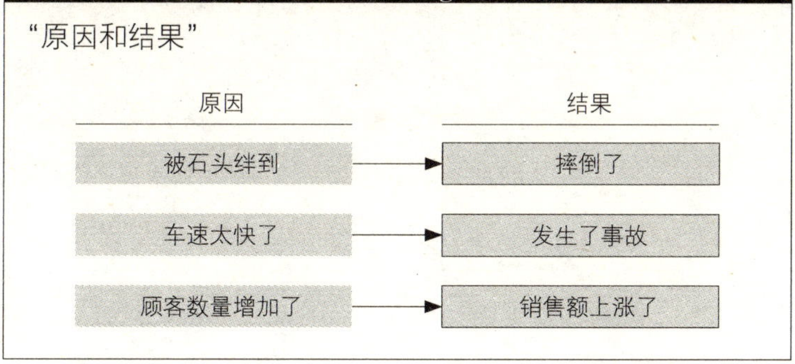

目的和手段

“目的和手段”也是商务活动中不可或缺的（图表 54）。商务活动中的每个行为都必有其目的，比如“为了增加顾客数量而提高认知度”“为了提高质量而改进流程”等。大家所看到的每一个商品，都是有它们的目的的。有目的，所以顾客才会掏钱购买。大家手中拿着的笔，它的功能就是“为了留下记录而流出墨水”，照明器具的话呢，就是“为了照亮房间而发出光亮”，这些就是“目的和手段”的逻辑关系。

图表 54 逻辑（logic）的种类

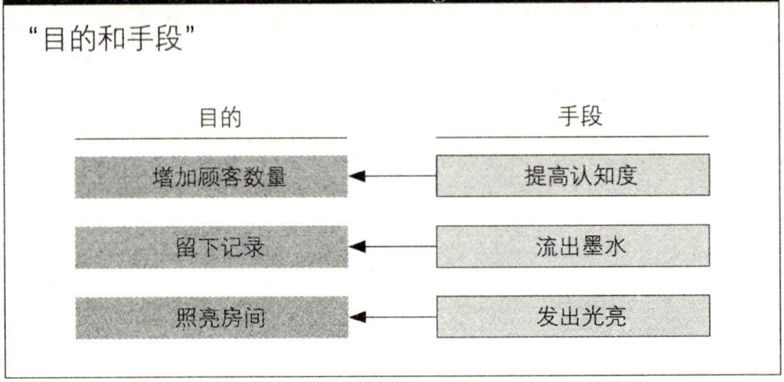

输入和输出

输入和输出指的就是像“把米和水加热后就变成了米饭”这样的关系（图表 55）。正确地说，就是输入、程序与输出的关系。在本书一开始的地方，针对“图书的编辑过程”，用程序、流程、图表等进行了说明。这个图表，就是把商务活动的流程用“输入与输出”的关系表现出来的工具。

图表 55　逻辑（logic）的种类

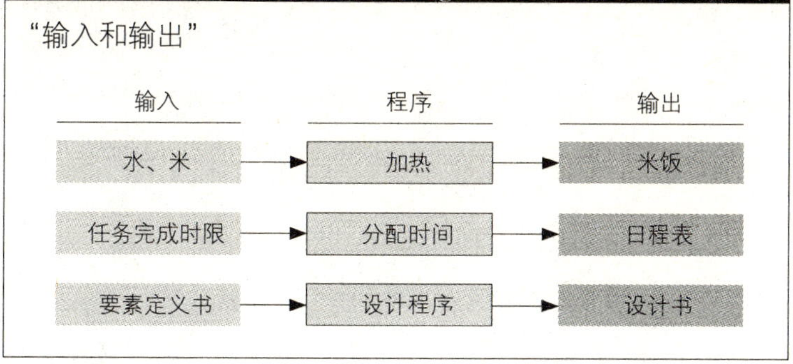

抽象和具体

针对抽象和具体，我要稍微详细地说明一下。抽象化可以说就是“抽取出共同点”“抽出本质”。例如，狗、猫和熊猫都是哺乳类动物，这就是抽取了生物的相同性质（抽象化），并将其命名为哺乳类动物（图表 56）。

图表 56　逻辑（logic）的种类

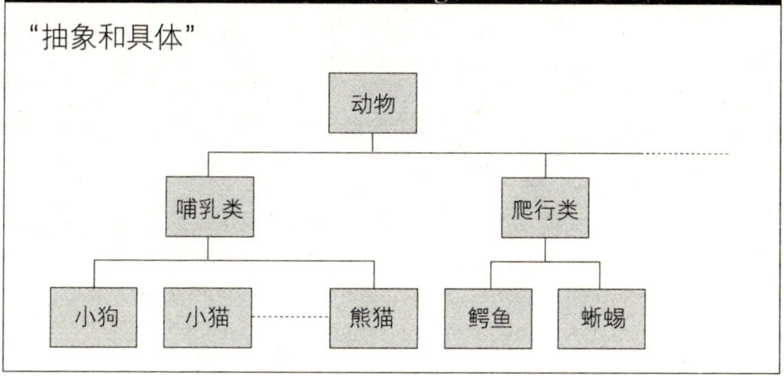

还有一种思考方式，叫作“抽象的梯子”（图表57）。例如，有一只叫Pochi的小狗。这只Pochi是一种物理性的存在，物理性的意思就是，由原子和电子组合而成的，但在这种原子、电子的水平上，人类是无法感知到的。因为无法被感知，所以这时它是没有标签的。

图表57　写文章的基本技巧

抽象的梯子

6. 把它看成共同生活在一个屋檐下的生物，则它的很多特性就被忽视了。
5. 不仅是小狗，还有小猫小鸟等，把它们都看成是可以抚慰人心的存在的话，其特定种类的特征就被忽视了。
4.Pochi、太郎、约翰等，把第一只狗、第二只狗、第三只狗，它们之间相同的要素抽取出来，贴上标签。特定小狗的特性就被忽视了。
3. 我们把2中察觉得到的对象取名为Pochi。这个名字指代的并不是对象本身，而是给知觉的整体贴了一个标签。
2. 作为我们感知得到（看到或接触到）的物质而存在。昨天的Pochi和今天的Pochi之间的差别从感知中遗漏了。
1. 作为物理性存在的Pochi。原子、电子的水平。这种水平上的存在时刻都在发生变化，我们是没有办法感知得到的。

接下来，还有一只Pochi，作为我感知得到的物质而存在。它是可以被看到的。但是这只Pochi，只是作为物体被看到了，昨天的Pochi和今天的Pochi之间的差别我是不知道的。它或许掉了些毛，体重或许多少有些变化，但是，我们并不能察觉到这些区别。察觉不到区别，就意味着那些差别从信息中遗漏了，也就是说，被抽象化了。有区别，但是仅仅总结了（察觉得到）的信息（抽象化），这只小狗就被称为“Pochi”了。

更进一步，不仅是Pochi，还有太郎、约翰以及不知名的小狗，把第一只、第二只、第三只，它们之间相同的要素抽取出来，贴上标签，就是“小狗”了。不管是Pochi，还是约翰、一郎、太郎等，它们个体的特征就被遗漏了。

再进一步提高抽象程度的话，还可以将它们抽象为宠物。作为宠物，除了小狗，还有小猫、小兔子、小鸟。但是，从“可以抚慰人心的存在”这个共同点来看，它们可以被看作同一类的事物。对它们的这个共同点贴上标签，就是“宠物”。再进一步抽象的话，甚至可以将它们称为家人。因为我们可以将生活在同一个屋檐下的生物，全部看作家人。就是像这样，抽象的程度逐渐提升。

请把抽象化思考为：“把不同的东西概括为相同的东西。”用刚才的例子来说，小狗、小猫、熊猫，它们是不一样的东西。虽然它们不同，但是将它们概括为同一种东西的话，就可以称它们为“哺乳类”动物。Pochi、太郎、约翰，作为一个一个的个体，它们虽然各不相同，但是，用同一个东西来概括的话，它们都是“小狗”。这就是抽象化。

在这里，必须要注意的一点是，抽象和分类是不一样的。通过抽象，从结果上来看，对事物进行了分类，但是，并不是说“分类 = 抽象化”。

刚才所说的小狗和宠物都是一个种类。但另一方面，抽象的梯子，说到底就是抽取出共同点，然后贴上标签，仅此而已。从结果上来看，Pochi 被划分到了“小狗”“宠物”这个类别中而已。这仅仅是抽象化后，作为其结果，对事物分了类。所谓分类，指的是“在某一条件下进行的分类”，而“共同点”（抽象化了的事物）只不过是可以作为分类的一个条件来使用罢了。

到此，光讲抽象化了，那么，从这个“抽象的梯子”上一步一步下来，就是“具体化”。回到逻辑的种类这个话题上来，“小狗”和“Pochi”的关系就是“抽象和具体”的关系了。把小狗具体化，例如 Pochi。把 Pochi 抽象化，就变成了小狗。

整体和部分

还有整体和部分的关系。系统开发中使用的“WBS（Work Breakdown Structure）”就是这种关系（图表 58），我想有做过项目管理的人应该都见过这个。系统开发的项目是由计划、确定必要条件、设计、安装构成的。这是什么意思呢，也就是说把这四个要素全部加起来，就是“系统开发项目”。计划又进一步分为“启动会议”和“项目计划”，这种关系就是“整体和部分”的关系。与整体（在这个例子中指的就是系统开发的项目）相对，计划、确定必要条件、设计、安装就是部分。

刚才在讲到“抽象和具体”的关系时，我说过“分类不等于抽象化”。为何如此拘泥于这个呢，因为我们很容易将“抽象和具体”“整体和部分”混淆在一起。

例如，看一下图表 58 的“WBS”，第三个层级（从上往下的第三个层级）中的“启动会议”“项目计划”就可以分类为“计划阶段”的活动。但是，我们不能将启动会议、项目计划进行抽象而称为“计划阶段”。原因就在于，这里的分类是包含在了计划阶段里的“整体与部分”的关系。

图表 58 逻辑（logic）的种类

整体和部分

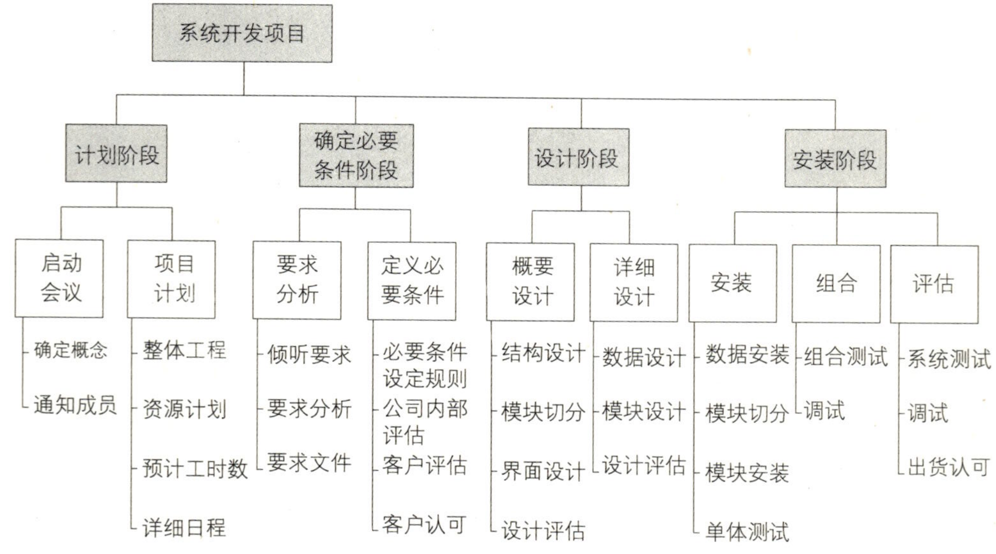

也就是说，分类可以用“抽象和具体”“整体和部分”两个中的任意一个条件来进行。说到底，分类是“基于某个条件来进行的”，而无关乎它们之间存在的逻辑关系的种类。

要做到有逻辑地写作、说话、思考，就要有意识地去关注这种“关系（逻辑）”的种类。

论证的基本方法

对某个主张有逻辑地进行说明，就叫论证。商务文章的目的是：向对方传递信息，并调动对方做出预期反应。因此，必须对自己的主张做出有力的论证，让对方觉得“原来是这样啊，嗯，果不其然”。

那么，要怎么写，才能让对方觉得“原来是这样啊，嗯，果不其然”呢？这个时候，最方便的就是论证的基本方法了。论证的基本方法中，最为人所熟知的就是演绎法。以下就是一个很著名的例子。

小前提：苏格拉底是人

大前提：人必然会死亡

结论：苏格拉底必然会死亡

演绎法强调的是：只要前提是正确的，那么结论必然也是正确的。但是，在商务活动中，要设置“毫无错误的正确前提”是非常困难的。

小前提：本公司的服务质量下降了

大前提：服务质量下降的话，业绩就会下滑

结论：本公司的业绩下滑了

我们能十分肯定地这样说吗？其实未必。原因在于，说本公司服务的质量下降了，这是对于谁来说的质量下降呢？对于不同的人来说，结果是不一样的。另外，也有企业在服务质量下降的情况下，业绩却没有下滑。如果不能说前提一定“正确”，那么，也就不能说结论是“正确”的，这就是演绎法。因此，在商务活动的论证中，演绎法并不是那么好用。

图尔明模式

在商务场合中，既然没有办法设置一定“正确”的前提，那要怎么展开论证呢？在这里，就可以用“图尔明模式”（图表 59）。图尔明模式有三个基本的要素，即数据、论据、主张，扩充版本还另外加上了“保证”“限定词”“反证”这三个要素。在平时写文章的时候，用到前三个就非常充分了。六要素版本在我之前写的那本《谁也没有教过我的思考技能》书中有详细的介绍，感兴趣的读者朋友可以参考那本书。

图表 59　写文章的基本技巧

论证的基本方法、图尔明模式

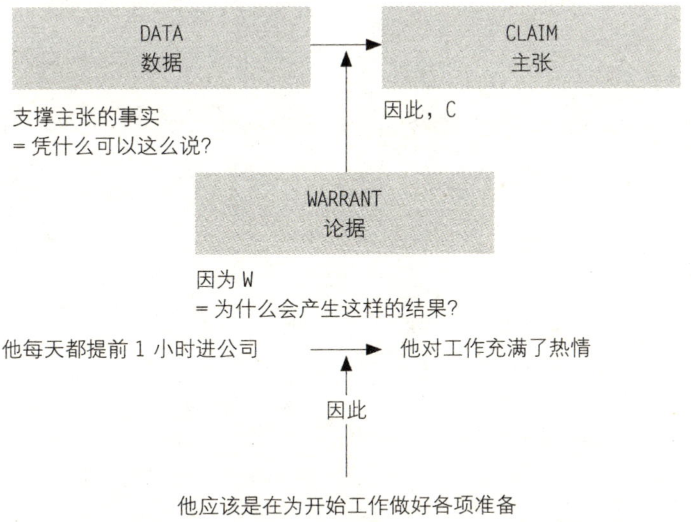

“数据”“论据”“主张”，现在我来说明一下这三者之间的关系。就像我说过的写作程序的第一个步骤就是“确定信息”一样，文章都有其想表达的内容，这就是“主张”。

只是一味地重复主张，是没有办法让读者觉得“原来是这样啊，嗯，果不其然”的，必须要有支撑主张的“事实（数据）”，必须是“因为 D（数据），所以 C（主张）”。

数据：他每天都提前 1 小时进公司

主张：（所以）他对工作充满了热情

就是像这样的。但是，仅仅是这样，还不足以让人觉得“原来如此啊”。必须要向读者展示，从数据（事实）出发，要经过什么样的过程才能得出结论，这就是“论据”。论据的职责就是连接数据（事实）与主张，对如何解释数据，进而推导出主张进行说明。

数据：他每天都提前 1 小时进公司

他应该是在为开始工作做好各项准备（因为）

主张：（所以）他对工作充满了热情

三个要素齐备，说服力就大大增强了。以项目的例子来说的话，就可以像下面这样来论证。

数据：不良状况比预想的还要多

为了改进不良状况，工时数比原计划增加了很多

（因为）

主张：（所以）这样下去的话就赶不上交付时间了

没有说服力的文章，就是缺少了“数据（事实）”“论据”“主张”这三件套中的某一个。仅仅强调了主张，或者只写了事实，又或者是没有摆出事实只写了论据，总之，缺少了任意的一个要素。“为什么讨厌呢？因为讨厌。”“为什么想做呢？因为想做。”这就是“主张”的错误结构。“销售额不断下降，因此，必须开发新的产品。”这就只有主张和事实，没有论据，也就是说“销售额不断下降”和“开发新产品”是没有办法联结起来的。从这个例子来看，论据是不可或缺的。“这样下去的话，很有可能陷入越来越差的境地。因此，必须开发新的产品。”这样说的话，逻辑上就相对通顺了。

写文章的时候，主张、论据以及数据（事实）要分别作为一个一个的单位，串联进文章中。例如，简历中的自我介绍像下面这样按照三要素来写的话，就能更有说服力。

数据：迄今为止，我多次担任过项目领导的职务

论据：项目经验丰富、有技能

主张：（因此）作为项目经理，能为贵公司带来更好的效益

在这里，前面说到的“抽象化”思维就能派上用场了。数据指的就是具体的事实。写简历的时候，想到的一些经验、技能都是一些非常具体的东西吧。例如，“懂得 C++ 的编程语言，也懂得使用 Perl、Java”，这些都是“小狗、小猫、熊猫”的级别，只是展示了这些事实的话，对方就会问：“所以呢？”在这里，将这些经验抽象化为“懂技术”“系统开发的经验丰富”，并将其作为论据进行展示的话，就能得到对方的认可：“嗯，确实如你所说，是这样的。”

第八节
精练文章的实战例子

接下来，我们就根据之前说明的内容，以写作程序（运用能力）的第六个步骤——推敲以及第七个步骤——修改为基础样本，实际操作一下看看。

图表 60 是某软件工程师（假设为 A 先生）所写简历中自我介绍的文章。假设除了这篇文章，他还把自己使用的语言以及项目等开发经验用表格的形式整理成了资料。这个是以真实存在的某个特定人物的简历为基础写出来的。虽然是样本，但仅仅改变了信息的内容，结构是相同的。接下来，我们就一起来试着对这个文章进行推敲和修改。

图表 60　修改前
简历　自我介绍 自我介绍 本人迄今为止任职于开发部，负责设计、编程。同时，作为开发项目的领导与客户进行各项谈判、开展各项销售支持活动。现在，作为一个 7 人团队的团队领导开展各项业务。我会使用的计算机语言有：C++、Java、Perl。有在 UNIX、Visual Studio 的环境下开发软件的经验。我还能不断地学习新的语言，时刻保持进取的心态，注重自身技能的提升。此外，我能努力进行流程的改进、促进品质的提升以及差错率的降低。与公司内部、公司外部（客户、伙伴企业）合作，共同推进业务的经验丰富，具有较强的沟通能力。

各位读者，乍一看到这个文章，你们想读下去吗？我要是公司里负责看这些文章的领导，别说看不下去了，直接就放到一边，想着“以后再看吧”，因为写得乱七八糟的。可是，写出这样文章的人却不在少数，即使很努力地看了这篇文章，也不知道他要强调的重点是什么。也就是觉得，“嗯，做了很多的事情呢”，仅此而已。

我来说明一下我看了这篇文章后的反馈意见。首先，在一个段落中放进了多个主题，“开发项目的领导”“销售支持”“C++、Java、Perl”“流程改进”等都写在了一起，事实和意见混同在一起，没有条理。

那么，针对在一个段落中放进了多个主题的错误，我们就把每个主题分开来写。不知道想强调的是什么，就将关键字写成标题。光是事实的罗列和意见的混杂是没有逻辑的，因此，可以用我们之前介绍过的论证的基本方法，即“事实”“论据”“主张”的三件套组合来展开说明。乍一看让人没有想读下去的意愿，就下功夫对句子的长度进行调整（图表 61）。

图表 61 反馈

反馈	对策
一个段落中放进了多个主题	给每个主题分一个段落
不知道想强调的是什么	将关键词写成标题
光是事实的罗列和意见的混杂，没有逻辑	用论证的基本方法来构建框架
乍一眼看过去没有想读下去的意愿	在版面的设计和句子的长度上下功夫

给每个主题分一个段落

首先，先来实践一下“给每个主题分一个段落”（图表

62）。我们只是给文章分段，其他的内容一个字也没有动。“概要”“开发经验”“技能提升”“流程改进”“沟通能力”是一个一个的主题，我们把写有这些词语的句子分开，仅此而已。

图表 62　给每个主题分一个段落

概要

本人迄今为止任职于开发部，负责设计、编程。同时，作为开发项目的领导与客户进行各项谈判、开展各项销售支持活动。现在，作为一个 7 人团队的团队领导开展各项业务。

开发经验

我会使用的计算机语言有：C++、Java、Perl。有在 UNIX、Visual Studio 的环境下开发软件的经验。

技能提升

我还能不断地学习新的语言，时刻保持进取的心态，注重自身技能的提升。

流程改进

此外，我能努力进行流程的改进、促进品质的提升以及差错率的降低。

沟通能力

与公司内部、公司外部（客户、伙伴企业）合作，共同推进业务的经验丰富，具有较强的沟通能力。

写标题

接下来，写上“标题”。把主题原封不动地拿来做“标题”（图表 63）。写上标题后，这个段落是针对什么内容来写的，就一目了然了。请大家与之前的文章作一下比较。图表 60 的文章，在哪里写了什么样的事情，完全看不出来，而仅仅只是写上了标题，文章中写了些什么就一下子进到了大脑中。

图表 63 写标题

- **导入**

  本人迄今为止任职于开发部，负责设计、编程。同时，作为开发项目的领导与客户进行各项谈判、开展各项销售支持活动。现在，作为一个 7 人团队的团队领导开展各项业务。

- **开发经验**

  我会使用的计算机语言有：C++、Java、Perl。有在 UNIX、Visual Studio 的环境下开发软件的经验。

- **技能提升**

  我还能不断地学习新的语言，时刻保持进取的心态，注重自身技能的提升。

- **流程改进**

  此外，我能努力进行流程的改进、促进品质的提升以及差错率的降低。

- **沟通能力**

  与公司内部、公司外部（客户、伙伴企业）合作，共同推进业务的经验丰富，具有较强的沟通能力。

排除噪声

再稍微做一下进一步的反馈。由于这是简历中的自我介绍，那么，就必须让人觉得“比起其他人来，A 先生更好”。也就是说，要寻求差异化。在“开发经验”中，有写到了懂得使用的语言以及开发环境，但是这些和其他人比起来，相差无几。从读者的角度来看，把这些作为差异化的重要因素，是很单薄的。接下来，“技能提升”的态度确实可以成为寻求差异化的重要因素，但是，样本中所写的内容却无法实现这样的功能，原因在于，“不断学习新的语言，时刻保持进取的心态，注重自身技能的提升”会被认为是理所当然的事。写还是不写，都不会对结果产生任何影响的信息就是噪声。开发经验、学习姿态这样的信息应该删除，因为这些信息削弱了“只有录用了我才能产生价值”的主张，去掉这样的信息会比较好，因此，删除这个主题。

以抽象化来强调主张

不要只是罗列事实，而要把它们进行抽象化，清楚地表达出“也就是说，我想说的是……”例如，“做过项目领导”说到底是什么意思呢？作为主张的话，也就是说，有项目管理的能力。善于沟通，负责过与客户的谈判。这个到底又是什么意思呢？把它进行抽象化的思考后就能得出，这其实讲的就是具有构建客户关系的能力（图表 64）。只是写“做过项目领导”，我们是不知道你的强项是什么的，但是，写出“我有项目的管理能力”“有构建客户关系的能力”，就会让人感觉：“嗯，原来如此啊。”给读者的印象是完全不同的。通过抽象化，也就是思考自己想说的东西到底是什么，就能使主张明了起来。

图表 64 以抽象化来强调主张

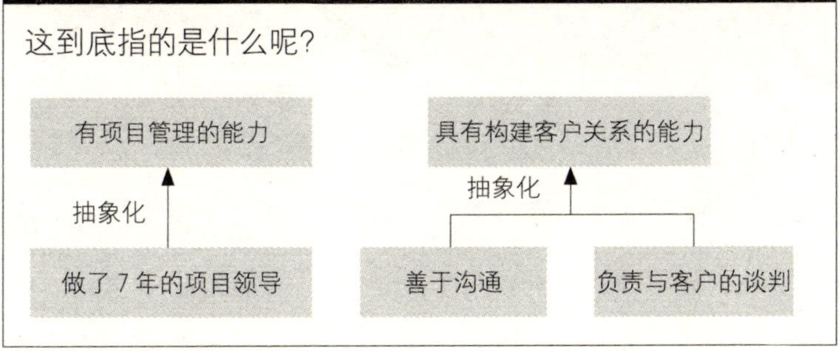

下功夫写好标题

接下来，做出取舍和选择，下功夫写好标题（图表 65）。刚才把第一部分的标题写为“导入”，其实不应该是“导入”，而是首先应该让读者把握整体情况，把标题命名为“概要”。以这样稍微醒目的标题让读者一看就能引起注意。

图表 65　做出取舍，下功夫写好标题
● **概要**　标题要让人有眼前一亮的感觉 本人迄今为止任职于开发部，负责设计、编程。同时，作为开发项目的领导与客户进行各项谈判、开展各项销售支持活动。现在，作为一个 7 人团队的团队领导开展各项业务。 ● **项目管理能力**　追加能够突出长处的主题 ~~删除削弱主题的信息（噪声）~~ ~~删除削弱主题的信息（噪声）~~ ● **通过改进流程提升公司的竞争力**　明确突出主题的标题 此外，我能努力进行流程的改进、促进品质的提升以及差错率的降低。 ● **构建客户关系的能力**　明确突出主题的标题 与公司内部、公司外部（客户、伙伴企业）合作，共同推进业务的经验丰富，具有较强的沟通能力。

其次，强调主题以突出强项。把“项目管理能力”“通过改进流程提升公司的竞争力”“构建客户关系的能力”等作为标题，明确地突出主题。不是简单地写“我对流程进行了改进”，而是写“通过流程改进，提升了公司的竞争力”，这样就强调了主张，实现了差异化。单纯地说“沟通”，我们无从知晓你的强项是什么的，这样只能让人觉得你是不是只有这个点可以吸引人呢。主张太宽泛了，就会被削弱，无法打动对方。“善于沟通”这种说法也太过粗犷，因此，不要用这样的说法，而是说“我有构建客户关系的能力”，这样一来，就能切中要

害，打动人心。

图表 66 修改后

- **概要**

  迄今为止的 15 年间，我始终任职于开发部门。作为程序员、项目领导开展了项目的开发业务。入职公司后的 8 年间，从事了软件设计、安装等业务后，至今，作为项目领导负责项目的管理。

- **项目管理能力**

  目前，我作为一名项目领导，管理着 7 人的开发团队。同时，由于该开发项目的性质，我需要同时开展多个项目。我能够不断地提升项目计划的精确度，并通过实时掌握项目的进展状况，以及对风险的预估来采取相应的对策，从而很好地完成难度较高的项目。

- **构建客户关系的能力**

  现在的业务是接受客户关于开发业务的委托。我能通过及时掌握包括开发主题、人员状况在内的一手信息，获取项目的开发业务。我在从事开发工作的同时，通过不断地强化与客户之间的关系，构建了商务上的人脉关系网。从而获得了多个项目的开发业务。

- **通过改进流程提升公司的竞争力**

  持续地对流程进行标准化及改进，使差错率降低 50%、成本削减 30%。此开发流程不仅在本公司，在客户的企业中也得到了全面的推广，有效地实现了与竞争对手的差异化。

像这样推敲、修改的结果就变成图表 66 的文章了。标题分别为：概要、项目管理能力、构建客户关系的能力、通过改进流程提升公司的竞争力。顺序也进行了调整，按照重要程度进行了重新排列。而这是站在客户或者是读者的角度，设想他们所认为的重要程度来进行排列的。有项目管理的能力，有构建客户关系的能力，能通过流程改进提升公司的竞争力，这就是我想说的。

确认故事结构

之前有说过，作为故事的结构，“导入、支持（证据）、支持（证据）、结论”这样的结构是理想的。简历的情况下，结论是非常明确的。即“录用我是有价值的”“我会在工作岗位上发挥作用”。请大家看一下图表 67，这是在图表 66 的基础上，对故事结构进行补充后的图。就如大家在图中看到的一样，在这个自我介绍中，没有点明结论。为什么没有写呢？因为结论是明确的。虽然想写，但既然是简历，再特意强调这点的话会显得有点拖沓。因此，这个结论没有必要再特别写出来。

“我会在工作岗位上发挥作用”这个结论就被隐藏了起来，而支撑它的论据有三个。在导入部分叙述了概要，告诉读者我是这样的一个人，我能很好地发挥作用，我的依据是这些，我的强项有这些，就是这样的一个结构。

图表 67　修改后

导入	● **概要** 迄今为止的 15 年间，始终任职于开发部门。作为程序员、项目领导开展了项目的开发业务。入职公司后的 8 年间，从事了软件设计、安装等业务后，至今，作为项目领导负责项目的管理。
支持	● **项目管理能力** 目前，我作为一名项目领导，管理着 10 人的开发团队。同时，由于该开发项目的性质，我需要同时开展多个项目。我能够不断地提升项目计划的精确度，并通过实时掌握项目的进展状况，以及对风险的预估来采取相应的对策，从而很好地完成难度较高的项目。
支持	● **构建客户关系的能力** 现在的业务是接受客户关于开发业务的委托。我能通过及时掌握一手的开发主题、人员状况等信息，获取项目的开发业务。我在从事开发工作的同时，通过不断地强化与客户之间的关系，构建了商务上的人脉关系网。获得了多个项目的开发业务。
支持	● **通过改进流程提升公司的竞争力** 持续地对流程进行标准化及改进，使差错率降低 50%、成本削减 30%。此开发流程不仅在本公司，在客户的企业中也得到了全面的推广，有效地实现了与竞争对手的差异化。

确认论证的“三件套”

之前，我对论证的三件套（事实、论据、主张）进行了说明。现在把这个理论套到我们这个例子里来看一下，如图表

68 所示。在导入的部分中，仅阐述了“事实”。也就是只写了“迄今为止，我做过了这样的一些事情”“我是这样的一个人”。

图表 68　修改后

××**事实** ××**论据** ××**主张**

导入

● **概要**

迄今为止的 15 年间，始终任职于开发部门。作为程序员、项目领导开展了项目的开发业务。入职公司后的 8 年间，从事了软件设计、安装等业务后，至今，作为项目领导负责项目的管理。

支持

● **项目管理能力**

目前，我作为一名项目领导，管理着 10 人的开发团队。同时，由于该开发项目的性质，我需要同时开展多个项目。我能够不断地提升项目计划的精确度，并通过实时掌握项目的进展状况，以及对风险的预估来采取相应的对策，从而很好地完成难度较高的项目。

支持

● **构建客户关系的能力**

现在的业务是接受客户关于开发业务的委托。我能通过及时掌握一手的开发主题、人员状况等信息，获取项目的开发业务。我在从事开发工作的同时，通过不断地强化与客户之间的关系，构建了商务上的人脉关系网。获得了多个项目的开发业务。

支持

● **通过改进流程提升公司的竞争力**

持续地对流程进行标准化及改进，使差错率降低 50%、成本削减 30%。此开发流程不仅在本公司，在客户的企业中也得到了全面的推广，有效地实现了与竞争对手的差异化。

在第一个支持（证据）中，展示的事实是：“目前，我作为一名项目领导，管理着 10 人的开发团队。同时，由于该开发项目的性质，我需要同时开展多个项目。”因为是对事实的阐述，因此，在这部分中并没有加入意见。从事实推导出主张，必须有论据作为联结。那么，这个事实到底意味着什么呢？接下来，摆出论据：“我能够不断地提升项目计划的精确度、并通过实时掌握项目的进展状况，以及对风险的预估来采取相应的对策，从而很好地完成难度较高的项目。”最后，得出结论：“因此，我具有项目管理的能力。”

在这里并没有特别再点出结论。作为结论，我们想说的就是“我具有项目管理的能力”。这样写出来当然也没有问题，但实际上在标题的地方已经给出了结论。就像这样，与标题配合，形成了“事实、论据、主张”的结构。

第二个支持（证据）也是一样的。“现在的业务是接受客户关于开发业务的委托”，这是事实。其结果就是，“通过不断地强化与客户之间的关系，构建了商务上的人脉关系网”。这个也是事实。作为联结事实与主张的论据就是：“获得了多个项目的开发业务。”因此，得出主张：我有构建客户关系的能力。

第三个支持（证据）中写道：“持续地对流程进行标准化

及改进，并取得成效。”这是事实。联结事实与主张的论据就是：“此开发流程不仅在本公司，在客户的企业中也得到了全面的推广，有效地实现了与竞争对手的差异化。”因此，得出主张：我能够通过改进流程提升公司的竞争力。

图表 60（前）与图表 68（后）的两个人，如果是你，会录用哪一个呢？大概是后一个吧。但实际上他们写的内容（素材）是一样的。因此，首先把想要表达的东西粗略地写出来是非常重要的。然后针对这个粗略的草稿，进行“分段”“写标题”“抽象化”“排除噪声并提炼标题”等修改，进而用论证“三件套”来调整结构，整个文章就完成了。只要这样做就可以了。不是很难吧？只要懂得流程就能做好。

接受反馈意见的心理准备

以上，就是对样本进行的反馈及精练的过程。想必大家对接受反馈意见及精练文章的意思都有了一个直观的认识。

但实际上，大家在接受反馈意见的时候，难免会有些许犹豫吧？说是反馈，听起来挺好的，但事实上大家都会觉得这不就是对自己的否定吗。自己做出来的东西、写出来的东西被否定了，任谁心里都不会高兴。但是，我要提醒大家注意的是，反馈，并不是否定。

接受反馈意见的过程，我们称为“评估”。我们常说评估方案、评估设计书，很多人都把这种评估当成一种否定，其实不然。评估是一个创新的过程，是把成果精练成更好的东西的过程。

我是软件工程师出身，在软件、工程师的世界里，几乎每天都要做评估。评估说明书、评估设计、评估代码，总之，通过项目做各种各样的评估。做出来的东西要是不好的话，就会被贬得一文不值，这都是非常普遍的，但这绝不是对自己的否定，而是为了做出更好的成果而从别人那里获取点子。

但是，对于那些没有日常性地做评估的行业、职业来说，在习惯之前，这种评估确实让人沮丧。感觉是对自己人格的否定。因此，中立地去接受反馈意见，是非常重要的。对于反馈的内容，不管它是消极的还是积极的都不做出任何解释，而是抱着“原来如此，还有这种看法”这样的中立态度去接受。

在评估的过程中，我希望大家能够掌握“命题”“反命题”“综合命题”这样的辩证法思维。对于自己的主张（命题）、会有“并不是这样（反命题）”的冲突，其结果就是，产生新的概念和解决方法（综合命题）（图表 69）。通过冲突，去创造更好的东西。重复冲突，来不断地进行精练。（图表 70）

图表 69　评估的心得

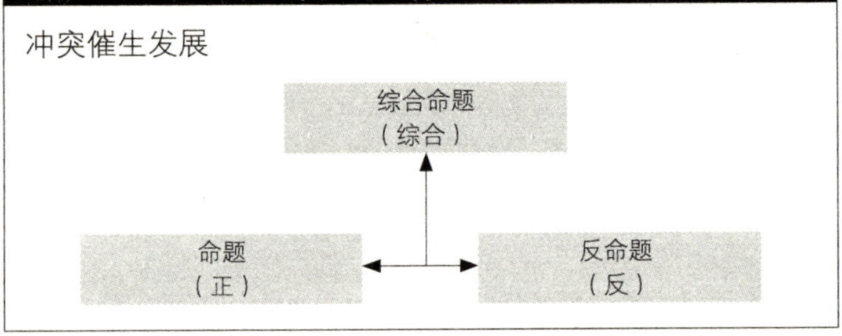

图表 70　评估的心得

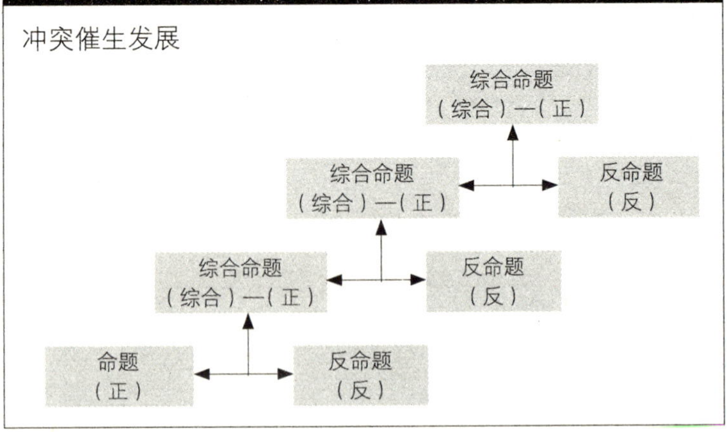

誰も教えてくれない
書くスキル

第三章

写作运用能力的演练

在第二章中，我对“写作程序（运用能力）”进行了说明。不管是何种技能，首先，最重要的就是知道其理论。原因在于，不懂理论就开始进行反复试验，并在试验中改正错误，效率是非常低下的。但是，懂得了理论就一定能做得好吗？那也未必。日语中有个词语叫“陆水练”（日语中表示为陆地上学游泳——译者注）。意思就是在陆地上学游泳是没有用的。也写作“叠の上の水练”，意思是要想学会游泳，就必须实际下到水中练习。写作技能也是相同的。了解了理论，之后就只能是靠练习了。

在第二章中，通过各种样本，让大家体验了一下写作的程序。看了这些案例，大家肯定都会觉得“原来就是这样啊”。但是，实际上自己动手操作的话，却怎么也没有办法很好地按照这些步骤来完成。认识到这样的差距是很重要的。

样本中的程序，也就是所谓的“应有状态（To Be）”。接下来，大家要着手来解决的问题是“没有办法顺畅地写好文章”，因此，对于“应有状态（To Be）”，必须要知道“现状（As Is）”。只有如此，才能认识到存在的差距。认识到了差距，之后就只要朝着应有的状态，去缩小差距就可以了。

讲座的重现

我之前有说明过，这本书是基于讲座来完成的。在当时的讲座中，我加入了很多的练习，让讲座的学员们实际动手去操作，切身地体验了一次写作的程序。那么，从现在开始，我要重新来再现讲座中的练习。各位读者朋友们，为了达到更好的效果，接下来，请想象自己正在参与讲座，来完成之后的阅读。在当时的讲座中，学员们还会在各个小组中互相进行反馈。需要获取反馈的时候，请大家寻求周围人的协助，一定试着实践一下。从现在开始，我会使用“学员”这个词语。

中间有讲到请大家跟着做的时候，还希望大家能实际动脑思考后写下来，或输入电脑中。本书的练习中使用到的表格，都可以从网上下载。（请参考 p163 的表格下载方法）

（请填写在表格中）

（请输入到电脑中）

以《简历》为题材，请大家假设一下自己想要换工作。在简历中，有“自我介绍”一栏，你需要在这一栏中填入自己的长处，以展示自我。这是把自己“想说的话（信息）”传递给他人的很好的素材。

我想大家可能平时都不怎么关注自己的“长处”，但是，能否意识到自己的长处，对于一位商务人士来说，他的职业生涯会完全不同。因此，即使有学员觉得自己“根本不想换工作”，也请一定动手来实际地操作一下。

在换工作的时候，不论你是在猎头公司进行登记还是直接向目标公司应聘，首先，都必须让对方看你的简历。看完简历后，必须让对方觉得想要见一下你，给你面试的机会。这时，联结对方和你的唯一的手段就是文章。这是一个非常严苛的情境。能写好这种文章，方案、企划书等商务文章就自然也都能写好了。

第一步　确定信息

首先，是写作程序的第一步——确定信息。简历的读者是谁呢？对的，是目标企业中负责招聘的员工。或者是猎头公司代理人。对于这样的读者，我们应该传递些什么样的信息呢？

信息指的就是“为了缩小差距而希望传递出去的东西”。差距指的就是现状（As Is）和应有状态（To Be）之间的距离。通过信息的传递，希望对方做出怎样的反应？请思考一下自己希望给对方留下什么样的印象。然后动手填写进表格中。（请参照 p163 下载表格“图表 A-1”文件名为“message.pdf”）

（请填写表格）

有不少人想得不耐烦了吧。其实不必想得很复杂。就是思考一下现状（As Is）和应有的状态（To Be）是什么？缩小它们之间的差距需要传递些什么？

请大家看过来。我看了一下各位学员写的现状（As Is）和应有的状态（To Be），基本上大家都是针对作者，即自身的状况来写的。

其实正好相反。在这边你必须思考的是对方的状态。我有东西希望让对方知道，也就是说持有这种差距的是对方。向持有差距的对方传递信息，从而消除这个差距。那么，请大家思考一下对方现在是什么样的一种状态呢？然后，我通过信息的传递，希望对方达到一种什么样的状态呢？

接下来，我们看一下图表 71，也顺带做一个复习。这张表和第二章中的图表 22 是相同的，写的是本书（本讲座）所要传递的信息。表中所写的现状（As Is）和应有的状态（To Be），写的并不是作为讲师的我自身的状态吧。而是设想了作为学员的你们大家的状态。也就是对方的状态、读者的状态。“现状”一栏中，“训练写作的机会很少，因此苦恼于写不好文章。不知道没有掌握写作程序（运用能力）是写不好文章的”。这是对方（学员）的状态。针对这种情况，“应有的状态”一栏中就有了“希望读者能够明白写作程序（运用能力）的重要性、并能够将之付诸实践”。这也是讲的对方，即学员的状态。

图表 71

主题　写作程序（运用能力）

应有的状态（To Be）

希望读者能够明白“写作程序（运用能力）”的重要性，并能够将之付诸实践。

（问题）GAP

整体信息（想说什么？）

掌握了写作程序（运用能力），谁都能写出好文章。请掌握写作程序（运用能力），并进行实践。

预期反应

理解写作程序中的各个步骤。在职场中进行实践。

预期印象

应该能写！也许能写！试一下看看。

现状（As Is）

写作的场合不断增加，但是训练写作的机会却很少。
苦恼于写不好文章的商务人士大量存在。
很多人不知道即使掌握了技巧，但没有掌握“写作程序（运用能力）”也是写不好文章的。

简历也是一样的。招聘负责人，或者是猎头公司代理人，现在是什么样的状态？接下来，通过我的信息的传递，希望他们达到什么样的状态？为了达到这样的效果，我必须传递些什么样的信息？按照这样的顺序去思考。

另外，在“应有状态”一栏中，有很多学员写的是“希望对方能给我面试的机会、希望我能成功被录用”。但是“给面试机会、录用”这些讲的都是预期反应。在这之前，必须使对方达到“想要给面试机会、想要录用”的状态，这种状态才是应有的状态。我们一起来思考一下，通过信息的传递，要使对方达到什么样的状态、进而产生“给予面试机会、考虑录用”的预期反应呢？

（填写表格 15分钟）

好，15分钟过去了。还没写完的学员也请暂时停下来。

图表72是我写的东西，下面，我将以这个表格为基础进行说明。

图表 72

设定主题

应有状态（To Be）

让招聘负责人知道我都做过些什么、从中积累了哪些经验、有什么样的长处。

（问题）GAP

整体信息	预期反应	预期印象
我的长处是 ××，可以为贵公司做出这样的贡献。请一定录用我!	给我面试机会、联系我。	他也许可以帮助我们公司解决目前的一些困难问题。

现状（As Is）

招聘负责人并不知道我的长处是什么、我能够发挥什么样的作用、我擅长的是什么。
他们没有掌握相关的材料，来判断我是否是必须录用的人才。

首先，思考一下作为读者的招聘负责人、猎头公司代理人的现状是什么。对方并不知道我的长处是什么、我能够发挥什么样的作用、我擅长的是什么。也就是说，他们没有掌握相关的材料，来判断你是不是必须录用的人才，或者说是不是猎头公司应该向企业推荐的人才。即使看了工作简历，这些情况也是无从知晓的，这就是读者的现状。

接下来，思考一下应有状态（To Be）。应有状态，说的是一种状态，那么，对方要达到什么样的状态，这份简历才能发挥其作用呢？现状是“没有掌握相关材料”，那么也就是说，让他们掌握这些材料就行了。但是这样的话，就仅仅把“没有掌握材料”反转一下变成“掌握材料”，这之间的差距还是没有明了。不清楚差距，就确定不了信息。

那么，“没有掌握材料”指的是一种怎样的状态？“让对方（招聘负责人、猎头公司代理人）知道我都做过些什么事情、从中积累了哪些经验、我有哪些长处”。这就是作为作者的我，希望对方达到的状态，也就是说要朝着这个方向去做。作为其结果，“给我面试机会、联系我”就是预期的反应。

“状态”是非常重要的。思考一下要达到什么样的状态才能促使对方做出预期的反应和行动呢？状态才能引发反应，语言是无法直接促使对方采取行动的。也就是说，要思考一下对方在读了简历之后，他（她）的大脑中、心中要达到一种什么样的状态，才能引起他（她）的行动呢？

这样一来，我们要传递的信息就很明确了，即“我有这样的长处、我能为贵公司做出这样的贡献，因此，贵公司应该录用我”。也可以说，必须向猎头公司代理人传递出这样的信息：我是值得录用的，你可以安心地把我介绍出去。然后，给对方留下这样的印象：把这个人介绍出去是没问题的，或者是他也许可以帮助我们公司解决目前的一些难题。

那么，其结果就是：那就面试一下看看吧。对方的大脑中达到一种什么样的状态，这就是“应有状态”。具体来说就是：对方明白了我这个人有这样的长处，并对我产生了兴趣的状态。此时要传递的信息就是：“我有这样的长处，贵公司应该录用我。”我们虽然不在简历中写“贵公司应该录用我”，但是作为信息来说，就是这样的一个内容。也就是说，在这里我想说的就是：贵公司没有理由不录用我。

第二步 “分析读者”

到现在为止大家都弄明白了吗？那么，我们继续写作程序的第二个步骤，即分析读者。请使用另一张表格。

（请参照 p.230 下载表格“图表 A-2”。文件名为“analysis.pdf”）

为什么要分析读者呢？我之前有说过了，这是因为沟通的质量是由沟通对象来决定的。我们必须根据对方持有的背景知识，以及其所关心的问题，来改变传递信息的方式。读者是谁？是招聘负责人，或者猎头公司代理人。那么，对方站在什么样的立场上？持有什么样的背景知识及信息？从这些背景出发，再来思考他（她）所关心的问题会是什么？接下来，我们一起来分析一下。

（填写表格 15 分钟）

接下来，我同样用我写的东西来做一下说明（图表 73）。

图表 73

读者的分析

读者是谁？　**企业的招聘负责人　猎头公司代理人**

读者站在什么样的立场上？　招聘能为本公司做出贡献的人才

寻找与客户所要求的技能、经历相匹配的人才

针对主题，读者拥有怎样的背景知识和信息？

接触过很多找工作的人，知道什么样的人才会被录取

对于千篇一律的简历是没有兴趣的，“会努力工作，为公司做出贡献”这样的句子是没什么效果的，为了让简历看起来更漂亮，写了比实际情况更好的东西，但是，对方仍然能从你过去取得的实际业绩中判断出你的真才实学

读者关心些什么问题？

我不想因为录用或者介绍了不合适的人才而丧失自己的信用

我想让客户认为我为他们找到了与他们的要求相契合的人才

仅仅凭借自己的判断，没有简历等证据，是没有办法推荐的

读者喜欢的表达方式是什么？

作为走上社会的职场人士来说，用正式的表达方式较好。太过锋芒毕露以及特别强调自我主张的表达方式都是不受欢迎的。不是拖泥带水地罗列各项事务，而是经过整理的张弛有度的表达（否则根本没有读的意愿）

读者和作者（自己）的距离感是怎样的？

站在选择那一方的，倾向于带上一种“审查的视角”。虽说如此，过分殷勤、卑躬屈膝的人也不招人喜欢有礼貌，并带着平等的距离感交往

如果读者是企业的招聘负责人，那么他（她）是站在什么样的立场上呢？他（她）的立场是：根据公司、管理层以及各部门的要求，寻找有可能为公司发挥作用、做出贡献的人才。也就是说，招聘负责人是对公司内部负责的。我们有必要先理解这个问题。猎头公司代理人的情况下，他（她）的立场就是：寻找与客户所要求的技能、经历相匹配的人才。也就是说，猎头公司代理人是对客户负责的。理解了对方的立场后，在思考对方所关心的问题时，就能游刃有余。

接下来，是读者持有的背景知识及信息。作为猎头公司代理人，会接触到很多找工作的人。也就是说他们会接触到很多的信息。他们对于千篇一律的简历是没有兴趣的，根本不想去看。“我会努力工作，为公司做出贡献”这样的句子是没什么效果的。他们知道，即使有些人为了让简历看起来更漂亮，写了比实际情况更好的东西，但是，过去取得了什么样的实际业绩，也就是说，有什么样经历的人就会取得什么样的结果——他们拥有这样的背景知识，这就是我的分析。

那么，从刚才分析的“立场”“背景知识”来看，这些读者会关心些什么问题呢？公司里的招聘负责人对公司、管理层及各部门负责。他们是不能根据自己的判断来决定是否给一个求职者面试的机会或者是否录用这个人的。即使觉得可以给面试机会，也必须向公司内部做出说明。因此，就需要一些证据、简历等可以摆出来让大家看的东西。猎头公司代理人是对客户负责的，因此，我认为他们所关心的问题是：“我不想因为录用或者介绍了不合适的人才而丧失自己的信用，我想让客户认为我为他们找到了与他们的要求相契合的人才。”

在这种情况下，对方所喜欢的表达方式是什么样的呢？由于写的是简历，作为走上社会的职场人士来说，用正式的表达方式较好。另外，语气强硬也有可能招致厌恶，因此，太过锋芒毕露以及特别强调自我主张的表达方式都是不受欢迎的。由于对方接触了大量的信息，因此，他们不喜欢拖泥带水地罗列各项事务，而更喜欢经过整理的张弛有度的表达方式。否则，就无法让对方在大量的应聘信息中看到你的简历，或者说想去看你的简历。

接下来，读者和作者的距离感又是怎样的？招聘负责人是站在选择那一方的，因此，无论如何都会倾向于带上一种“审查的视角”。话虽如此，过分殷勤的表达方式也不招人喜欢。

在这里，我的分析就是“用有礼貌且距离对等的表达方式”。带着“请给我一个面试的机会”“请录用我”这样的心情，轻松愉快地表达出自己的主张。

重现讲座中的问答环节

到此为止，我们以“简历中的自我介绍”为题材，进行了信息的确定和读者的分析。写文章前，光是考虑了这些，也能让后面的工作变得更加顺畅。不思考就动笔写简历中的自我介绍，只能变成想法的简单罗列——没有信息，只是告诉别人“我做过了这样的事情”的简单罗列。

那么，到此为止大家有没有什么疑问？

学员：我无法判断自己对信息的确定和对读者的分析是否贴切，为了提高贴切程度，我应该怎么办呢？

讲师：实际看它的读者，在这个情况下就是指的招聘负责人和猎头公司代理人，他们是如何判断的只有他们自己才知道。虽然我们无从知晓，但是我们可以做假设。这样来瞄准目标，虽然是否可以命中只能说是一个概率，但是事前进行思考，就是来提高这个概率的。然后，如果有可能的话，让别人来看一下。能够获得别人的反馈是很好的。问一下别人“如果你是招聘负责人，你会怎么想？”由于我们总是更了解别人的事情，因此，即使是没有招聘经验的人，也不要把他排除在获取反馈的对象之外。

学员：在步骤 1 中，您有说明过了如何从“现状（As Is）”分析到“应有状态（To Be）”，并确定信息，但是我仍然感觉不太懂得如何确定这个信息，在这次的练习中，也总是没能很好地去写这个信息。能不能再给我一点建议，诸如写好信息的关键点，或者说，怎样思考才能更好地去写这个信息呢？

讲师：写不出信息，与其说是表达方式的问题，不如说是对现状和应有状态的理解还不够充分。信息，指的是“为了缩小差距而希望传递出去的东西”，因此，没有明确地知道差距是什么是没有办法写出信息的。这和解决问题也有异曲同工之处。不知道差距是什么、不知道问题在哪里，原因就在于对现状的分析不够充分，或者是，没有办法明确应有的状态。把握了现状、明确了应有的状态，差距（问题）也就自然而然地显现出来了。因此，写不出信息的时候，就先深入地挖掘一下现状，以及应有的状态指的到底是什么。

另外，说到表达的方式，我设置了用一句话来表达的限制。这是一个关键点。简历，说到底它回答的是什么样的一个问题呢？从结论上来说，它就是对于“为什么我们公司必须录用你”这样的一个问题的回答。“为什么必须是你”“为什么必须是贵公司”，回答这些问题的就是信息。请练习用一句话来回答这些问题。

第三步 “收集点子”

接下来，请大家一起来做一下写作程序的第三个步骤——收集点子。之前也介绍了好几种收集点子的方法，在这里，我们用“灵活运用便笺”的方法来收集点子，用来写简历中的自我介绍。

（请大家使用手边的便笺纸）

例如，“我有这样的经验”“我做过这样的工作”“我有这样的长处”“我经历过这样的事情”等。把长处和短处都写出来也没关系，短处有可能变为长处，长处也有可能变为短处。例如，“我完全没有这方面的经验”，看似为短处，但是从不同的角度来看，这对于有些人来说，则有可能被看成是长处，即

“我能很好地掌握学习的方法”。因此，把想到的全部写出来。

使用便笺时不要吝啬。一张写一个点子。写错了也没关系，总之，想到什么写什么。有过什么样的经验、有什么长处、掌握了些什么样的技能，怎么写都可以。只要写关键词就可以，请动手写下来看看。我们花10分钟来写一下。好，现在开始。

（写便笺10分钟）

好的，基本上都写好了吧。接下来，请各位学员自由地组成小组，把各自写的便笺在小组内进行发布，其他人针对便笺内容发表意见并进行提问。这就是在进行反馈。发布的学员边展示自己写的便笺，边对内容做出解释，例如“我用了这样的一个关键词”，其他人请进行提问，例如，“这指的是什么意思”“这要说明的是什么样的问题”等。请马上把反馈中获得的关键词记下来，以防遗忘。大家就会发现，自己“原来还有这样的长处啊”。

大家是不是发现了一些自己没有注意到的长处了呢？我转了一圈，发现大家的经历都非常丰富啊。大家的这些经历，无一例外地让人感觉“真想录用这个人啊”，这让我非常吃惊。

但令人意外的是，仅仅是在自己的小世界中闷头想的话，很难觉察到这些就是长处。也就是说，不认为这些是什么了不起的事。其实，长处是存在于“自己熟稔于心、认为自己理所当然应该会的事情中”的，只有通过第三者的视角来看，才能明白原来这是非常“厉害”的。

商务中有一个基本的原则：有时仅需要把一个地方的东西移动到其他的地方，它的价值就会随之上升。例如，从海外进口东西，就是这个道理。这个东西在外国没有什么价值，因为它在外国资源丰富，然而，把它放到其他的环境中去，它的价值就显现出来了。

我自身也有这样的实际感受。我是软件工程师出身的，在软件的世界里，那些被认为理所当然的方法、思考方式等，在其他的领域中却并非如此。当我听到其他行业的人说“这种方法真是了不起啊，我们公司也可以尝试一下”的时候，我才意识到了它的价值。获取第三者视角，去发现至今从未看到的一些东西，大家是否实际地感受到了呢?

接下来，请大家从写在便笺上的关键词中，挑出三个来。

可以写在简历中展示自我的三个关键词。这三个关键词以外的东西也不要扔掉，也许之后会用得到。

到此，写作程序的第三个步骤就完成了。

第四步 “写概要”

接下来是写作程序的第四个步骤——写概要。下面我们先一起来复习一下概要。向对方传递自己的所思所想时，通用型概要是比较简单易懂的（图表 74）。它指的是，先有一个导入部分，接下来是结论，然后是支持，也就是证据，最后再次强调结论的构成方式。这就直接可以形成一篇文章了。

图表 74　通用型概要

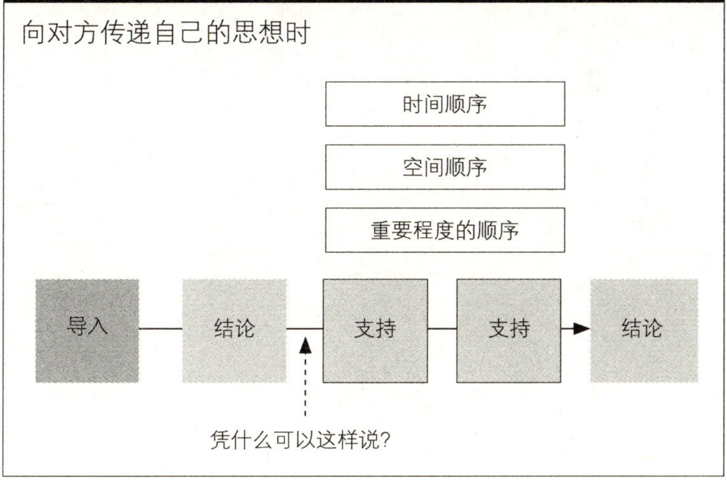

“导入”部分展示的就是“这篇文章是针对这个内容来写的”。我们现在要写的是简历中的自我介绍，因此没有必要再特意说出来，只要标题写上“自我介绍”就足够了。结论就是“录用我是有价值的”“贵公司应该录用我”，这个也没有必要特意说出来，想说的就是这个意思。支持就是把“我有过这样的业绩、经历，我有这样的长处”等写出来。支持部分，作为证据，有多种写作的方法，可以按时间序列，也可以按空间序列，还有按重要程度排序的方法。写自我介绍的时候，按重要程度的排序方法应该是最合适的。

“有这样的理由”“有那样的理由”，因此，“录用我是有价值的”——就是这样的一个故事条理。这是任何一种类型的文章都可以使用的逻辑思维方式，是普遍适用的，那些读起来容易懂的文章，就是这样的一个结构。

第五步 “写草稿”

接下来，进入第五个步骤，我们一起动手来写一下草稿，刚才我们选择了三个点子。通用型概要的结构是：导入、结论、支持，然后再回到结论。在支持部分，使用的就是我们刚才选择的三个关键词。

写草稿的时候，首先请考虑把“0 变成 1”。没有必要写得非常漂亮。首先就是写出来。太注重细节，反而写不出来。把 0 变成 1 后，再来考虑怎么把文章写漂亮。1 出来了，就能变成 3、变成 5 。

那么接下来，就请大家根据自己选择的三个关键词，动手写一下自己简历中的自我介绍。给大家 30 分钟左右的时间。

（输入电脑）

好了，30 分钟过去了。大家都写得不错呢。不关注细节，粗略地写出来的话，就能写出不少东西呢。瞻前顾后地想得越多，就越容易止步不前，特别是觉得文章难写的人更是这种的情况。想要一口气尽力地写好，这样一来就写不出来，只好停滞不前，然后，就更感觉写文章是个很困难的事。

第二章中，我讲过了“启发法”。也就是发现型的思维方式。我说过这是一个在反复的试验中不断摸索、不断接近、发现正确答案的过程，不是一下就能得出正确答案，首先就是要写出来，把自己的所思所想写出来。写什么都没有关系，关键就是写出来。在刚开始的阶段，写得多的人也就是差不多一个小时写 600 字到 700 字，等慢慢习惯后，基本上都能达到一个小时 2000 字到 3000 字。

第六步“推敲” 第七步“修改”

接下来，进入写作程序的第六步——推敲，以及第七步——修改，也就是把写出来的文章进行精练、提升的阶段。自我介绍的文章，也就是来宣传自己的，这个时候，得到别人的反馈是非常有效的。

现在请大家在小组内互相进行反馈。这个时候，给别人提反馈意见时，请找出别人的长处，因为自己觉得很普通的事，有很多在别人看来都是“非常了不起”的。觉得“很厉害”“了不起”的时候，请把它说出来。获取反馈的人，在你觉得很意外，或者被问到了什么问题、被表扬的时候，请把它们记下来以免遗忘。

那么接下来，就以自己写的文章为基础，向小组内的成员进行 2 分钟的演讲，或者说分享自己做过的事、掌握的技能。之后，请小组里的成员用 3 分钟进行反馈和提问。

（反馈进行中）

大家讨论得很热烈啊。行业不同，工种也就不同，拥有各种各样不同经历的人把自己的经验分享出来，自然是非常有趣的。接受反馈的学员，应该也实际感受到了，自己觉得理所当然、没什么大不了的事情，其实在其他行业的人看来是非常“了不起”的。

接下来，我们根据学员 O 先生写的文章，一起来做一下反馈（图表 75）。

图表 75　修改前

学员 O 先生的例子

- 我担任过大规模项目的项目经理。曾经作为项目经理（PM）、项目管理人员（PMO），成功地完成了规模在 1 亿日元以上的项目。

- 即使是没有经验的业务，我也会思考应如何开展工作，并积极应对。在负责面向海外客户的咨询台业务时，通过自己的努力，锻炼英语能力，最终成为咨询台的主要负责人。现在，能充分发挥英语优势，应对国际化项目。

- 我从不满足于现有的工作方式，经常思考提高工作效率的改进措施，并付诸实践。由于项目成员在制作测试数据时经常会出现错误，我进行了无数次的测试，并运用 Excel VBA 开发了测试数据制作的软件，成功地削减了制作测试数据时的错误率。

他把文章很好地进行了分段。那么，现在我们先来看下第一段。O先生也和我一样，擅长项目管理。曾经作为项目经理、项目管理人员成功地完成了项目，并且是个大规模的项目。这个段落的“主题”就应该是：从这些经验来看，自己的长处是什么。那么，这个“主题”是什么呢？也就是“项目管理”。自己拍着胸脯说“我很擅长项目管理”是需要勇气的，但是，在接受反馈的时候，看到了小组成员们的反应，我想大家就能感受得到：“这还真是我的长处呢。”

接下来，第二个段落。O先生英语很好对吧。从最初不擅长英语开始，不断地努力钻研，到最后可以应对国际化项目。这是一个非常大的长处，是一个展示的关键点，但是，在文章中却完全没有表现出来，实在是非常可惜。这个段落中，开始和最后的主题是有偏差的。在段落的一开始写的是：“可以应对完全没有经验的业务。”但是，最后却说的是：“可以应对国际化的项目。”

我在第二章中说过：一个段落/一个主题。要时刻记住：在一个段落中，只放进一个主题。这是因为，如果在一个段落中放入多个主题的话，读者就会困惑：这个段落到底是要强调什么内容呢？0先生的文章中，我们也不知道他要强调的是“没有经验也能应对自如”，还是要强调“可以应对国际化的业务”呢？

选择其中一个就好。既然是简历，比起对待工作的态度，读者更重视的是“你会做什么”。我们就选择“应对国际化项目”吧，主题明确了，就自然地会想去修改段落的内容了。原因就在于，明确了想说什么，大脑就会被调动起来，思考“如何才能突出主题（在这里指的就是长处）”。

接下来，看一下第三个段落。这个段落中写了工作效率的提升、工具的制作、测试数据制作失误的削减等。0先生真是一个热情度非常高的人呢，我们能感觉到他“时刻都会把工作做好”的态度，他想把这样的态度很好地传递出来。这个段落写的主要都是“事实”，即图尔明模式“三件套”——事实、论据、主张中的事实，但要增强说服力，必须要有“论据”和“主张”。

那么，这个段落整体上想说的是什么呢？即用一句话来概括主张的话，是什么呢？0先生“从不满足于现有的工作方式，不断地提升工作效率”，不仅提升了自我的工作效率，也带动了整个团队工作效率的提升。这个用一句话来说的话，就可以用“持续的流程改进”，或者是“团队工作效率的提升”来表达。用一句话来表达是诀窍所在，这就是主题。也就是强调了这样的主张：录用我的话，我能持续地为贵公司带来流程的改进。

更进一步，思考一下联结“事实”和“主张”的“论据”。论据指的就是“从事实出发，如何才能推导出主张”。

“事实是这样的。这是因为 ××。因此，录用了我，我能持续地为贵公司带来流程的改进。”

这里的“因为 ××”就是论据的部分。思考一下如何来解释事实，说清楚这到底指的是什么。

接下来，我们一起来看下 O 先生接受了反馈，并进行修改、提升后的文章（图表 76）。

图表 76 修改后

学员 O 先生的例子

● **概要**

我在过去的 15 年间，在大型金融机构的大规模 IT 项目中，历次担任了项目经理及项目管理人员。

● **项目管理**

在本公司规模最大的项目——成员 15 名，交易金额 1 亿日元以上的项目中，我作为项目经理，自始至终参与了项目，并使项目获得了巨大的成功。受到了来自客户及公司内部两方面的表彰。我能很好地调控、协调各利害关系方的关系，把握成本、品质、交付期限之间的平衡，最终圆满地完成了项目。

● **应对国际化项目**

我负责过面向海外客户的咨询台工作，用英语邮件、电话等向客户提供各项支持。此外，在与海外供应商的电话会议中，担任了日方的主要发言人。我能充分发挥英语优势，应对国际化项目。

● **持续改进**

在测试工程中，由于数据制作的错误经常发生返工的现象，测试效率低下。因此，我运用 Excel VBA 开发了测试数据制作的软件，成功地降低了制作测试数据时的错误率，使测试效率提升了 30%。我从不因循守旧，而是时常思考什么才是最优的，持续地对流程进行改进。

好了很多吧。首先，明确了主题，“项目管理”“应对国际化的项目”“持续的改进”是各个主题。主题明确了，各个段落的内容也截然不同了。文章的焦点只放在了主题、想说的事情上。

同时，每个段落都备齐了“事实”“论据”“主张”这样的“三件套”。首先，在标题的地方强调了“主张”，之后清晰地摆出了“事实”以及联结这个事实和主张的“论据”。非常棒。

经过正确的练习，必能写好文章

今后，为了提高写作技能，需要进行什么样的练习呢？我稍微说明一下（图表 77）。

图表 77　提高写作技能的练习

- 增加写作的量
  ——微博、报告书、每日报告、日记
- 看（对于自己来说）稍微有点困难的书
  ——古典、经典（被称为《圣经》的）读本
- 寻找能够非常贴切地表达自己所想的表现方式
  ——灵活运用《同义词词典》
- 分析书的目录
  ——画出目录的树形图
- 储存写作素材
  ——该自己发邮件

首先，要增加写作的量。微博也行，每日报告、日记，什么都可以。也许有人会说我们公司没有要求我们写每日报告，但是，每日报告不一定要公司要求你写你才写。原本每日报告就不是为了公司而写，而是为了自己而写的。每一天自己都做了些什么，遇到了些什么事情，从中学习到了什么，然后，接下来要采取什么样的行动。把这些写着存放起来，1 年后、2 年后，就会是一笔非常丰厚的积累。首先，写什么都可以，增加写作的量。

建议大家看一些对于自己来说稍微有点困难的书，古典或者是一些经典书目。进行各种各样的输入。被称为经典的书，大多是非常有“逻辑”的。阅读一些对自己来说比较简单的书，是没有办法锻炼逻辑的，但是太难的话又容易打击自己的自信心，因此，读一些对自己来说稍微有点难的书。书的难易程度只要看“前言”就能够判断得出来。

寻找能够非常贴切地表达自己所想的表现方式，就请灵活运用《同义词词典》。有很多人没有办法一下就想出来关键词吧，本来自身的词汇量太少的话就会想不出来，增加词汇量、表达方式的努力是必需的。然后，平时就要经常有意识地去注意抽象化和具体化，一边改变抽象的程度，一边变换表达方式，试着在“抽象的梯子”上爬上去再爬下来看看。只要经过训练，慢慢地关键词就能脱口而出了。

接下来，分析书的目录也是非常有用的，这是对文章结构方式的一种学习。书必有其结构，并且通过目录来表现。这本书是以什么作为切入口的，是按照怎样的故事条理来展开叙述的，只要看目录就能明白。实际上能够成为商品在市面上流通的书本，都是经过出版社的审核才能面世的。也就是说，它的叙事方式、结构等都是经过了相当程度的精练的，把它们拿来作为参考最合适不过。

最后想和大家说的是，不要害怕听到反馈。不会写文章、写不好文章的人，都不喜欢在写作中途把写的东西拿给别人看。总是想着全部写好了再给别人看，想着再写好一点、再精练提升一下再给别人看，不想让别人看到写作中间的过程。

其实不要这样。收集点子的阶段、写概要的阶段、写成文章的阶段，在所有的阶段中都尽量地把过程展示给他人并获取反馈，这是提高文章质量的诀窍。这不仅是对写文章来说的，对于所有事物的制作来说都是有效的。在过程的所有关键点上获取反馈。这样一来，信息量就会增加。通过自身以外的视角来看事物，就能看到不同的东西、不同的切入口。也就是说，信息量会增加、观点也会增加。除此之外别无他法。

第二章中大家了解了写作技能的知识，本章中又一起体验了一次一整套的写作程序，这个一整套的写作程序的体验是非常重要的。大家都首先经历过了把“0 变成 1”的过程，之后就只需要增加这种经验就可以了。只要经过正确的练习，必能写好文章。希望大家能不断地增加把“0 变成 1”的经验。加油！

参考文献

○ 《理科的作文技巧》(中央公论新社)

○ 《日语作文技巧》(朝日新闻社)

○ 《思考技巧、写作技巧》(钻石社)

○ 《沟通技巧》(中央公论新社)

○ 《谁也没有教过我的思考技能》(日经 BP 出版社)

○ 《从重大事件中学到的“危机管理”》(文艺春秋)

○ 《新版 逻辑训练》(产业图书)

○ 《思考和行动中的语言》(岩波书店)

表格的下载方法

本书中使用的表格，都有转换为 PDF 文档。打开网页，在地址栏中输入以下链接，就能自动下载 worksheet.zip 文件。

http://web-cache.stream.ne.jp/www11/nikkeibpw/itpro/kaku-book/worksheet.zip

worksheet.zip 文件请使用电脑中的解压软件进行解压。解压后会出现两个文件夹。

message.pdf

写作程序的第 1 个步骤——确定信息时使用的表格（图表 A-1）

analysis.pdf

写作程序的第 2 个步骤——分析读者时使用的表格（图表 A-2）

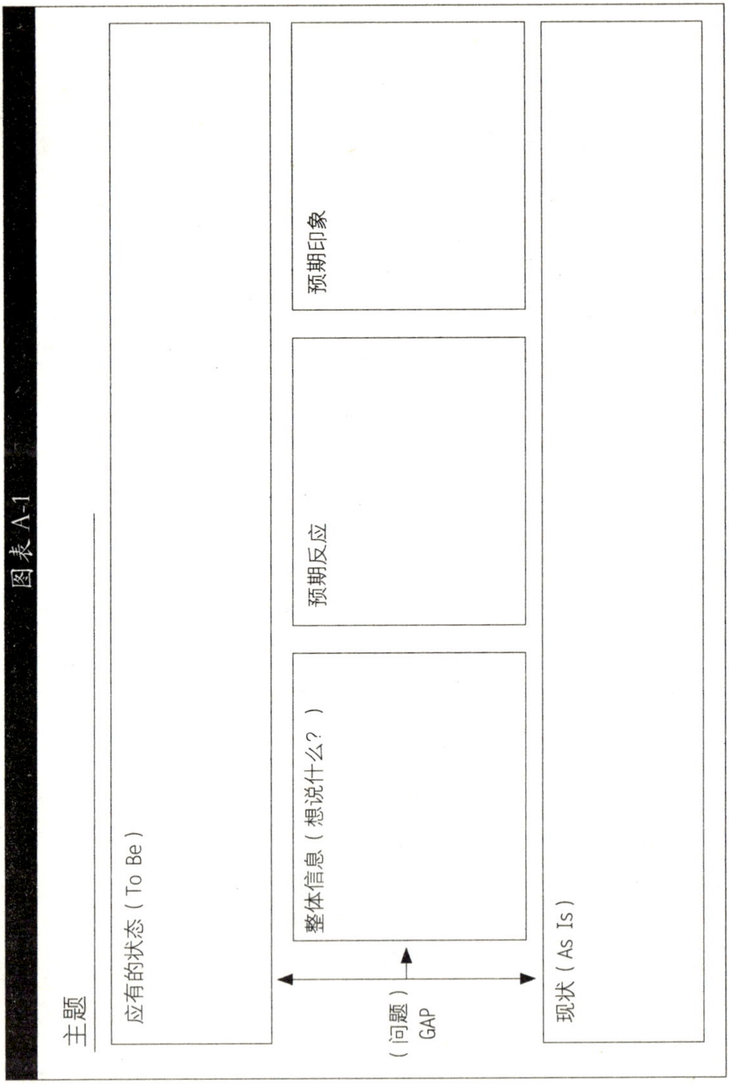

图表 A-1

图表 A-2

分析读者

读者是谁?	
读者站在什么样的立场?	
读者对于该主题，掌握了什么样的背景知识和信息?	
读者关心些什么问题?	
读者喜欢的表达方式是什么?	读者与自己的距离感有多大?